全国交通运输职业教育教学指导委员会规划教材

教育部中等职业教育汽车专业技能课教材

Qiche Meirong yu Zhuanghuang Jingying

汽车美容与装潢经营

全国交通运输职业教育教学指导委员会
中国汽车维修行业协会　组织编写
邵伟军　主　编
邵定文　副主编

人民交通出版社股份有限公司
China Communications Press Co.,Ltd.

内 容 提 要

本书为全国交通运输职业教育教学指导委员会规划教材,全书共 15 个学习任务,内容包括:汽车美容与装潢行业背景、汽车美容与装潢法律法规、企业营业执照申请、企业环境与设计布局、服务接待、员工管理培训、财务管理、汽车美容与装潢企业 7S 管理、汽车涂层维护、汽车贴膜、汽车底盘化学与物理装甲、汽车功能改装与升级——增压系统改装、配件管理、仓库管理、设备管理。

本书可作为中等职业学校汽车美容与装潢专业教材,也可供汽车美容从业人员参考阅读。

图书在版编目(CIP)数据

汽车美容与装潢经营 / 邵伟军主编. —北京:人民交通出版社股份有限公司, 2017.2

全国交通运输职业教育教学指导委员会规划教材. 教育部中等职业教育汽车专业技能课教材

ISBN 978-7-114-13290-2

Ⅰ.①汽… Ⅱ.①邵… Ⅲ.①汽车—车辆保养—中等专业学校—教材 Ⅳ.①U472

中国版本图书馆 CIP 数据核字(2016)第 200352 号

书　　名	汽车美容与装潢经营
著 作 者	邵伟军
责任编辑	刘　洋
出版发行	人民交通出版社股份有限公司
地　　址	(100011)北京市朝阳区安定门外外馆斜街 3 号
网　　址	http://www.ccpcl.com.cn
销售电话	(010)59757973
总 经 销	人民交通出版社股份有限公司发行部
经　　销	各地新华书店
印　　刷	北京交通印务有限公司
开　　本	787×1092　1/16
印　　张	12.25
字　　数	271 千
版　　次	2017 年 2 月　第 1 版
印　　次	2022 年 8 月　第 2 次印刷
书　　号	ISBN 978-7-114-13290-2
定　　价	28.00 元

编审委员会

为深入贯彻落实全国职业教育工作会议精神和《国务院关于加快发展现代职业教育的决定》,促进职业教育专业教学科学化、标准化、规范化,教育部组织制定了《中等职业学校专业教学标准(试行)》。全国交通运输职业教育教学指导委员会具体承担了汽车运用与维修(专业代码082500)、汽车车身修复(专业代码082600)、汽车美容与装潢(专业代码082700)、汽车整车与配件营销(专业代码082800)4个汽车类专业教学标准的制定工作。

根据教育部《关于中等职业教育专业技能课教材选题立项的函》(教职成司函【2012】95号)文件精神,人民交通出版社申报的上述4个汽车类专业技能课教材选题成功立项。

2014年10月,人民交通出版社联合全国交通运输职业教育教学指导委员会、中国汽车维修行业协会在北京召开了"教育部中等职业教育汽车专业技能课教材编写会",并成立了由全国交通运输职业教育教学指导委员会领导、中国汽车维修行业协会领导、知名汽车维修专家及院校教师组成的教材编审委员会。会上,确定了4个汽车类专业34本教材的编写团队及编写大纲,正式启动了教材编写。

教材的组织编写,是以教育部组织制定的4个汽车类专业教学标准为基本依据进行的。教材从编写到成稿形成以下特色:

1. "五位一体"的编审团队。从组织编写之初,就本着"高起点、高标准、高要求"的原则,成立了由国内一流的院校、一流的教师、一流的专家、一流的企业、一流的出版社组成的五位一体的编审团队。

2. 精品化的内容。编审团队认真总结了中职院校的优秀教学成果,结合了企业的职业岗位需求,吸收了发达国家的先进职教理念。教材文字精练、插图丰富,尤其是实操性的内容,配了大量实景照片。

3. 理实一体的编写模式。教材理论内容浅显易懂,实操内容贴合生产一线,将知识传授、技能训练融为一体,体现"做中学、学中做"的职教思想。

4.覆盖全国的广泛适用性。本套教材充分考虑了全国各地院校的分布和实际情况,涉及的车型和设备具有代表性和普适性,能满足全国绝大多数中职院校的实际需求。

5. 完善的配套。本套教材包含"思考与练习"、"技能考核标准",并配有电子课件和微视频,以达到巩固知识、强化技能、易教易学的目的。

《汽车美容与装潢经营》是本套教材中的一本。与传统同类教材相比,本书结合汽车美容与装潢企业实际,围绕汽车美容与装潢经营企业项目提供完整的创业指导,既有汽车美容与装潢企业的经营理念,也有具体的经营项目实际操作训练。本书采用任务式编写体例,根据具体任务性质,每个任务有理论知识准备、任务实施、学习拓展、评价与反馈等内容组成,对于实际操作的项目,还增加有技能考核标准部分。

全书由杭州技师学院的邵伟军担任主编,杭州技师学院邵定文担任副主编。本书的编写分工为:邵伟军编写项目四中学习任务13、14,邵定文编写项目一中学习任务1、2、3、4,项目二中学习任务7,项目四中学习任务15,杭州技师学院的臧青松编写项目二中学习任务5、6、8,项目三中学习任务11、12,杭州技师学院的梁思龙编写项目二中学习任务9、10,邵伟军、邵定文对全书进行统稿。

限于编者水平,又是完全按照新的教学标准编写,书中难免有不当之处,敬请广大院校师生提出意见建议,以便再版时完善。

编审委员会
2016 年 3 月

目录 Contents

项目一　汽车美容与装潢创业基础

学习任务1　汽车美容与装潢行业背景

学习目标

⭐ 知识目标

1. 掌握汽车美容与装潢的定义；
2. 了解汽车美容与装潢行业的现状；
3. 了解汽车美容与装潢行业的发展趋势。

⭐ 技能目标

1. 能简述汽车美容与装潢的定义；
2. 能简述汽车美容与装潢行业的现状；
3. 能说出汽车美容与装潢行业的发展趋势。

建议课时

4 课时。

任务描述

　　小张在汽车美容装潢企业工作了2年,想开一家自己的汽车美容装潢店,为了说服亲朋好友,得到他们的支持,现和他们讲解汽车美容与装潢企业的经营范围、行业的背景、现状以及将来的发展趋势。

一 知识准备

1 汽车美容与装潢的定义

随着汽车工业的发展,汽车保有量的不断增加,越来越多的汽车进入家庭,人们对汽车的理解,已不仅仅是传统意义上的代步工具,个性化的追求,对汽车的款式、性能、整洁程度、美学和舒适性等方面提出了更高的要求。

汽车美容与装潢是随着汽车发展衍生而来的一个行业,主要指在原车基础上,通过对汽车进行车内外清洁服务、打蜡、除渍、除臭、吸尘、漆面增光、抛光、镀膜、漆面美容、底盘防腐等技术,通过加装、改善或更新车上装备或设施,达到"旧车翻新、新车维护"、提高美观性、舒适性和安全性的操作。

2 汽车美容与装潢行业的现状

汽车美容与装潢最早出现于20世纪20～30年代的欧美等发达国家,"汽车美容"源于西方发达国家,英文为"Car Beauty"或"Car Care"。20世纪40年代汽车美容与装潢业开始发展壮大并形成了一定的规模,在70年代后期这一行业得到更加迅猛的发展,并且开始传入亚洲,到80年代才真正进入我国。虽然我国的汽车美容与装潢行业起步较晚,但发展迅速,我国的汽车美容与装潢行业的市场巨大。

据公安部交管局统计,截至2016年6月底,全国机动车保有量达2.85亿辆,其中汽车1.84亿辆;随着群众机动车出行需求不断提高,汽车市场潜力持续释放,汽车保有量保持快速增长趋势。2016年上半年汽车保有量净增1135万辆,新注册登记汽车达1328万辆,比2015年同期提高199万辆,同比增长17.62%。从统计情况看,近五年以来,汽车新注册量呈高速增长趋势,汽车占机动车比例不断提高,从43.88%提高到64.39%。从分布情况看,全国有46个城市的汽车保有量超过百万辆,其中北京、成都、深圳、重庆、上海、苏州、天津、郑州、西安、杭州、广州、武汉、石家庄、南京、青岛、东莞16个城市汽车保有量超过200万辆。小型载客汽车保有量达1.47亿辆,其中,以个人名义登记的小型载客汽车(私家车)超过1.35亿辆。

现有的汽车美容与装潢行业中,主要的经营业务有:一般美容(如洗车、打蜡、除渍、除臭、吸尘、抛光等)、汽车修复美容、专业汽车美容、汽车外部装饰、汽车内部装饰和其他装饰等。但汽车美容市场的持续升温及快速发展,管理不规范和专业人才缺乏等原因致使行业存在一定问题。主要表现在以下几个方面:

一是市场准入要求不高,汽车美容与装潢企业申请开业条件按 GB/T 16739《汽车维修业开业条件》中三类汽车维修企业的标准进行。从申请的条件来看,对汽车美容与装潢企业的开业要求不高,没有明确汽车美容与装潢的详细项目、设备、技术、人员和资金管理等,因此市场准入制度不够规范。

二是行业管理服务不够规范,从行业管理来看,国外的汽车服务市场中,汽车美容与装潢业完全从汽车维修行业中划分出来,而目前我国尚未进行专门划分,虽然有不少的专门汽车美容和装潢企业,但是仍然从行业管理上属于汽车维修企业的一部分。同时,汽车美容与装潢行业的服务技术及服务标准要求不够健全,汽车美容与装潢产品质量参差不齐,质量难以保证。

三是从业人员专业化程度不高,专业人才培养不足。统计表明,从业人员的文化素质和专业素质整体不高,从行业从业人员来源、相关职业教育和社会培训统计来看,汽车美容与装潢从业人员专业化程度不高,同时人才培养的资源和力量有待进步补充和提高。

3 汽车美容与装潢的发展趋势

汽车美容与装潢已成为汽车售后服务中非常重要的环节,并逐步向普及化和专业化方向发展。巨大的汽车市场,使得汽车美容与装潢将会演变为一种日常消费,汽车美容与装潢产业正在成为中国汽车产业链条中最为关键的一部分。因此,汽车美容与装潢行业已成为最有潜力的朝阳产业之一,被称为汽车工业的"第二桶金"。

(1)汽车美容与装潢市场巨大。巨大的汽车保有量是汽车美容与装潢市场的基础,同时市场调研表明:路上行驶的汽车近100%都进行过基本的汽车美容和装潢业务,如贴膜、饰件护理等;除基本的汽车美容与装潢项目外,90%以上私家车车主有给汽车做美容与装潢的意愿,60%以上的车主愿意在保证基本技术下,进行汽车美容与装潢。在法律法规允许下,有40%车主愿意进行汽车项目适当改装,如汽车氙气前照灯、音响、铺设地革、底盘装甲等;70%以上高档车主还将愿意进行更多的汽车美容与装潢项目;此外,对于汽车发烧友来说,汽车美容与装潢是他们100%愿意投入和尝试的项目。

(2)汽车美容与装潢利润提升。汽车正在日益发展成为一种大众的消费品,而汽车美容与装潢主要针对轿车市场,尤其是私家车市场,这一市场目标受大众消费水平影响较大,易于产生行业利润。所以,如此数量的汽车和如此之快的增长速度给整个汽车美容与装潢行业带来了庞大的市场空间。据统计,汽车消费市场的整车销售利润从原来的20%左右下降到5%左右,汽车配件销售利润下降到15%左右,售后服务利润为80%,其中汽车美容与装潢服务的利润占整个利润为30%～40%,并具有上升空间。因此,汽车美容与装潢市场必将迎来发展的黄金期。

(3)汽车美容与装潢行业发展备受关注,由附带项目转向固定专业项目。汽车美容与装潢行业发展随着汽车行业发展而越来越备受关注,从调研来看,原有的汽车销售、维修企业中,汽车美容与装潢行业只是作为附带作业,甚至没有精品柜台等,现在除了一些特定的专修店外,汽车4S店、大型综合企业以及二类、三类维修企业中,都设有汽车美容与装潢项目的指定区域或规划车间等,开设汽车美容与装潢项目近100%。汽车美容与装潢的发展列入汽车维修行业发展中最为重要的一部分,汽车美容与装潢专业店或连锁店市场也得到空前发展。

(4)汽车美容与装潢专业职业教育得到进一步发展。在国家层面,逐步规范汽车美容与装潢专业命名和规划,并将汽车美容与装潢专业列为紧缺型专业,在职业教育资源投入和学生招生等方面,给予政策支持和鼓励。已有不少职业院校,将汽车美容与装潢专业中的相关课程以选修课程、拓展课程或项目补充形式纳入汽车维修类专业中进行教学。

二 任务实施

汽车美容与装潢行业的背景。

(1)汽车美容与装潢的市场准入门槛不高,行业管理不规范。汽车美容与装潢行业相应的标准与规范,包括项目内容、职业技能要求、技术标准、设施设备、环境标准和要求、服务管理和收费标准、人员培训和职业等级制度等不够完善。在市场准入和行业管理方面,经营的项目及规模、人员、技术、服务、设备等差别明显,行业秩序和信誉规范度不够,发展环境有待改善。

(2)汽车美容与装潢行业规模不大,零散,运作松散。汽车美容与装潢行业刚起步,尚未形成行业的专业化、品牌化、网络化运作。专业技术服务、品牌效应、产品服务质量、服务意识等都需要完善。与互联网等新型媒体技术结合还不够。

(3)汽车美容与装潢专业人才缺乏。由于行业发展晚、起步迟,专业人才整体素质有待提高。很多从事该行业的人员也非经过职业教育或专业教育培训出来的,汽车美容与装潢的专业人才队伍建设有待加强和完善。

三 学习拓展

(一)汽车的发展史

❶ 卡尔·本茨的三轮汽车

1879 年,德国工程师卡尔·本茨(图 1-1),首次试验成功了一台二冲程发动机。1883 年,本茨创立了本茨公司和本茨莱茵发动机厂。1885 年,他在曼海姆制成第一辆本茨专利发动机汽车。

本茨研制的世界上第一辆汽车为三轮汽车(图 1-2)采用一台两冲程单缸 662W(0.9 马力)的汽油机,此车具备了现代汽车的一些特点,如火花点火、水冷循环、钢管车架、钢板弹簧悬架、后轮驱动、前轮转向和制动把手。但该车的性能并不十分完善,行驶速度、装载能力、爬坡性能也不十分如意,而且在行驶中经常出故障。但是,它的巨大贡献不在于其本身所达到的性能,而在于观念的变化,就是自动化的实现和内燃机的使用,因为这种车能自己行走,所以人们用希腊语中 Auto(自己)和拉丁语中的 Mobile(会动的)构成复合词来解释这种类型的车,这就是 Automobile 一词的由来。

本茨的第一辆三轮汽车是世界上最早的汽车雏形,这辆汽车被收藏在德国的本茨(奔驰)汽车博物馆内。

❷ 哥特里布·戴姆勒的四轮汽车

1881 年,戴姆勒(图 1-3)同威廉·迈巴赫合作开办了当时第一家所谓汽车工厂。1883 年 8 月 15 日,戴姆勒和迈巴赫发明了汽油内燃机。1885 年末,戴姆勒将马车改装,增加了转向、传动装置,安装了功率为 1.1kW 的内燃机,装上四个轮子,车速达到了 14.4km/h。

1885 年,德国人哥特里布·戴姆勒(1843～1900)发明了第一辆四轮汽车,如图 1-4 所示。

图1-1　卡尔·本茨

图1-2　本茨研制的世界上第一辆汽车

图1-3　哥特里布·戴姆勒

图1-4　戴姆勒研制的汽车

本茨和戴姆勒是人们公认的以内燃机为动力的现代汽车的发明者,他们的发明创造,成为汽车发展史上最重要的里程碑,他们两人因此被世人尊称为"汽车之父"。

3 汽车史上首次大批量生产

1896年福特试制出第一台汽车。1903年福特汽车公司成立。初期,租赁马车制造厂做总装厂,装配两座带篷船式车身A型车,售价850美元。发动机、变速器、车桥、车身均外购。后建比凯·阿庇纽新厂,三层式厂房,一层机加工缸体、曲轴等18个大件,二层机加工小件,三层最后组装,已具备大量生产的基本形态。

1908年,亨利·福特及其伙伴将奥尔兹、利兰以及其他人的设计和制造思想结合成为一种新型汽车——T型车(图1-5),这是一种不加装饰、结实耐用、容易驾驶和维修、可行驶在乡间道路、大众市场需要的低价位车。T型车装4缸14 710W(20马力)汽油机,前置于发动机舱内,两前进挡一倒挡行星齿轮变速器,充气轮胎,双排座带篷船形车身。该车投放市场大获好评,接到大量订单。1909年开

图1-5　福特T型车

始 T 型车单一品种生产,当年售价 950 美元,产量达万辆。1914 年,他将泰勒的流水生产线技术运用到汽车上(图 1-6),这种技术被后人称为装配线。装配线不仅有助于在装配过程中通过生产设备使零部件连续流动,而且便于对制造技能进行分工,把复杂技术简化、程序化。组装一辆汽车由原定置式的 750min 缩短为 93min,工厂单班生产能力达 1212辆。当时有专用机床约 1.5 万台,工人 1.5 万人,这就是后来为全世界汽车厂继承的汽车大批量生产方式的原型。

a)福特的流水线   b)工人在流水线上工作

图 1-6   汽车流水生产线

与此同时,福特公司调整销售组织,在销售服务子公司基础上,开设现地组装厂,把从底特律运来的散件组装成车。这样,可以用普通货车运输,大量削减运输费用,且节省底特律的占库面积。大批量生产和分装使生产成本逐年下降,1924 年底 T 型车售价下降到290 美元。1917 年福特公司市场占有率逾 42%,1921 年达 55.45%,成为当时美国最大的汽车制造商。T 型车 1927 年停产前共售出 1 500 万辆,同一车型连续生产长达 19 年,这是 T 型车和大批量生产创造的辉煌。

大批量流水线生产的成功,不仅使 T 型车成为有史以来最普遍的车种,而且使家庭轿车的梦想变为现实。不仅大幅度地降低了汽车成本、扩大了汽车生产规模、创造了一个庞大的汽车工业,而且使当时世界上的大部分汽车生产从欧洲移到了美国。1929 年,美国生产汽车 54.5 万辆,出口占 10%,占领了美国之外的世界市场的 35%。

❹ 车型种类和技术的发展时期

1914 年第一次世界大战爆发,先是出现装甲车用于作战,又动员民用汽车运送兵员和补给品,连巴黎的出租车都参加了急送兵员的行列。战争使各国参谋部领悟到汽车对实现军队机动化是不可或缺的,战争推动了汽车,尤其是载货汽车的发展,使汽车类型逐渐完善,趋于多样化,同时各种汽车新技术也是层出不穷。

20 世纪 20 年代,美国杜森伯格、皮尔斯-箭、帕卡德、林肯、施图兹和凯迪拉克等公司按顾客意愿设计车身,服务于经济宽裕买主;欧洲豪华型轿车制造公司劳斯莱斯、苏依莎、佛雷曲尼竞相设计高雅车型,如英国宾利、法国布加蒂、意大利阿尔法·罗密欧等供富人享用,还有专为赛车手推出的车型。1922 年英国推出奥斯汀 7(图 1-7)挑战福特 T 型车。

1922 年美国哈得逊公司率先出售封闭式厢型轿车,如图 1-8 所示,这种形式的车身很受欢迎,1923 年在美国市场占有率超过传统的敞篷式轿车,到 1929 年在美国市场占有率高达 90%。

图 1-7　奥斯汀 7

图 1-8　封闭式厢型轿车

20 年代轿车车身不断加长,还出现了新型大客车。1921 年美国加州奥克兰法乔尔安全汽车公司造出第一辆真正意义的大客车。这种车具有低车架,大轮距、轴距更长,轮胎胎面宽、发动机前置。4 年后该公司又造出一辆整体式构架、车顶、侧壁和地板均为承载构件的全承载式车身和底盘完整结合的大客车,发动机置于地板下,空出了车厢内部空间,驾驶室在车辆最前方,便于驾驶且有利于行车安全。

随着汽车车身结构的演变,在汽车使用材料方面主要开发出薄钢板轧制新技术。1923～1929 年美国约新建 650 座新工艺薄板轧制厂,为汽车工业供应的薄钢板和第一次世界大战前比,板厚仅为其数分之一,幅宽增大数十个百分点,板长由不足 2.5m 延伸到百米以上,这使车身、车前板和保险杠等薄钢板件得以从一张薄钢板下料。其次,平板玻璃连续处理技术,让汽车用上了安全玻璃。还有,汽车涂装的快速干燥技术,以及汽车燃油炼制方面开发出高辛烷值汽油炼制工艺,为提高发动机设计水平提供了有力支撑。

在汽车结构方面的技术创新还有:1920 年杜森伯格公司在四个车轮上全部采用液压制动器。在此之前,仅后轮装制动器便可满足当时稀疏交通和低速行车的需要。随着车速提高,四轮液压制动逐步普及,直到 20 世纪 30 年代才全部取代拉索连杆式后两轮制动方式。汽车自动起动已经普及,这项技术是 1912 年凯迪拉克公司首先采用的。1927 年帕卡德公司开始在后驱动桥主传动采用双曲线锥齿轮,使得传动轴、地板和车身高度降低,整车重心下降,提高了在美国大部分已是铺装道路上高速行车的稳定性。低压轮胎取代了早期汽车使用的多种硬质、高压胎。除性能要求最简单的车子,所有汽车都具备了风雨防护结构。

5 汽车产品低价格时期

1973 年、1979 年世界出现两次石油危机,汽车需求锐减,小型省油车有很大的市场,对世界汽车发展和汽车工业格局影响很大。这一影响历经 10 年,1984 年之后才步入新一轮增长期。由于 20 世纪 70 年代石油危机所致,日本车以省油耐用、低价格赢得当时消费者的青睐,至此,世界汽车市场形成了美、日、欧并存的格局。

日本生产的小型车耐用、便宜、性价比高,符合国外排放、安全标准,尤其是省油的特点,受国际市场欢迎,特别是对美国出口猛增,1980 年汽车出口近 600 万辆,汽车产量达

1 100万辆,首次超过美国居世界第一位,并保持到1993年,1994年被美国超过。

石油危机极大地促进了汽车节能技术,尤其是和优化排放两利技术的发展。诸如:发展小型车,减轻汽车自重,提高汽车传动效率,无内胎钢丝子午线轮胎普及化并改善轮胎花纹,降低汽车风阻;发动机的稀薄燃烧和电子控制配气、供油与点火以及增压技术,热效率比汽油机高的柴油机成为商用车的主体动力之外,柴油轿车的比例日益提高;使用压缩天然气、液化石油气、掺烧甲醇、乙醇、植物油等代用燃料;开发了电动、混合动力和燃料电池等新能源汽车。

⑥ 汽车全球化

各强势汽车工业集团以其技术和资本优势,在产品、生产成本、信息技术、电子商务、销售及各类售后服务和资本运作等领域展开了全方位激烈竞争。一方面向发展中国家输出剩余资本、技术;另一方面相互兼并、重组,吸纳全球资源,扩大全球市场份额,谋求利益最大化,进一步推进了汽车全球化。1998年德国戴姆勒-奔驰公司和美国克莱斯勒汽车公司合组成立戴-克集团;1999年美国福特汽车公司收购瑞典沃尔沃公司轿车事业部;法国雷诺集团向日本日产汽车公司出资36.8%,向日产柴油机工业公司出资22.5%。至此,全球形成"6+3"的汽车集团格局,即通用、福特、戴-克、丰田、大众和雷诺6个集团化程度高的大集团,及本田、宝马和标致-雪铁龙3个集团化程度小的公司。但金融危机加速了全球汽车市场格局调整的速度,最主要体现在北美三巨头的变化上:其中,克莱斯勒分立两年后无法独立生存重新被菲亚特整合;而通用汽车和福特汽车不断分拆出售自己的下属子品牌或资产以自保。一系列变化导致全球汽车产业出现新的"6+3+X"的格局。新的6大集团包括日本丰田集团、德国大众集团、新通用和福特,日欧联合车企雷诺-日产联盟,及新的菲亚特-克莱斯勒联盟。新的3小集团包括现代-起亚、本田和标志-雪铁龙。另外,戴姆勒、宝马和包括铃木在内的多家汽车企业、不断成长的中国和印度新兴市场的汽车公司也是全球汽车市场格局中的不可忽视的力量。

⑦ 汽车电子化、智能化

进入20世纪80年代,汽车逐渐步入电子化、智能化,新兴的电子技术取代汽车原来单纯的机电液操纵控制系统以适应对汽车安全、排放、节能日益严格的要求。最初有电子控制的燃油喷射、点火、排放、防抱死制动、驱动力防滑、灯光、故障诊断及报警系统等。90年代以后,陆续出现了智能化的发动机控制、自动变速、动力转向、电子稳定程序、主动悬架、座椅位置、空调、刮水器、安全带、安全气囊、防碰撞、防盗、巡航行驶、全球卫星定位等不胜枚举的智能化自动控制系统。还有车载音频、视频数字多媒体娱乐系统、无线网络和智能交通等车辆辅助信息系统。

随着汽车电子技术的发展,汽车智能化技术正在逐步得到应用,苹果于2014年3月3日宣布推出车载系统Carplay,此系统是将用户的iOS设备,以及iOS使用体验,与仪表板系统无缝结合。如果用户汽车配备CarPlay,就能连接iPhone等设备,并使用汽车的内置显示屏和控制键,或Siri免视功能与之互动。用户可以轻松、安全地拨打电话、听音乐、收发信息、使用导航等,也再次点燃了大家对车载智能的热情。如果将汽车电子化定义为

"功能机"时代,那汽车智能化将步入"智能机"时代。汽车网络化,即车联网,将依托于汽车制造商、经销商与运营商,汽车电子化与智能化实现"人-车"互动,车联网实现"人-车-网络"的互动,而智能交通将实现"人-车-网络-路"的互动。可以预见,汽车的电子化、智能化还将出现许多新系统、新成果,使驾乘汽车变得更加安全、环保、节能、舒适和愉悦。

⑧ 汽车节能、环保和安全

在汽车保有量快速增长的背景下,1960 年以后突显汽车排气污染环境和交通事故等社会问题,还出现了"反汽车论"。美国 1966 年实施汽车排气污染防止法,1967 年实施联邦汽车安全标准(FMVSS);日本 1966 年实施汽车排气标准,1968 年实施汽车安全标准。此类标准随时间推移愈益严格,实施的国家和区域渐次增多。从此,汽车环保和安全成为引领汽车技术发展的重要课题,推动了如发动机稀薄燃烧、高能点火、尾气催化转化等环保技术和 ABS、安全气囊等汽车安全技术的出现与发展。

汽车新技术的推出并不能完全避免汽车使用过程中对环境的污染,所以绿色能源逐渐会是汽车的首选,新能源汽车将是一个主要的发展方向。其中,电动汽车在全球范围内正逐渐被消费者广泛接受。目前世界范围内的整个形势来看,日本是电动汽车技术发展速度最快的少数几个国家之一,特别是在混合动力汽车的产品发展方面,日本居世界领先地位。目前,世界上能够批量产销混合动力汽车的企业,只有日本的丰田和本田两家汽车公司。目前汽车产业链各个层面都在研发节能技术,通用、福特、大众、戴姆勒-克莱斯勒、丰田、本田等汽车制造商都在积极研制可以利用无线电技术充电的小型电动汽车。

(二)我国汽车的发展史

❶ 20 世纪 50 年代中国轿车诞生

1953 年第一汽车制造厂破土动工,这是中国有史以来第一次建设自己的汽车厂,毛泽东主席为奠基仪式亲自题写了"第一汽车制造厂奠基纪念"。1956 年我国生产的第一辆汽车下线,毛主席又亲自为其命名——解放,对于当时工业整体水平非常落后的中国来说,这确实是一次经济上的解放。1958 年是中国汽车史上令人难忘的一年;5 月,第一汽车制造厂试制成功东风牌轿车,这是中国自制的第一部轿车;6 月,北京第一汽车厂附件厂试制成功井冈山牌轿车,同时工厂更名为北京汽车制造厂;8 月一汽又设计试制成功第一辆红旗牌高级轿车;9 月上海汽车配件厂(上海汽车装修厂,后更名为上海汽车厂)试制成功第一辆凤凰牌轿车。

以凤凰车为例,它的发动机采用的是南京汽车厂的四缸发动机,底盘仿华沙牌轿车,车身外形仿顺风牌车,零件靠手工技术和在普通机床上搞革新进行切削加工完成。1959 年 2 月 15 日,第一辆凤凰牌轿车驶进中南海,周恩来总理坐上去绕中南海一周后语重心长地说:"还是水平问题啊!"由此可见当时轿车制造技术的水平。

在造出东风牌轿车后的 4 个月,一汽就造出了造型精美、具有民族特色、实用性能较好的高级轿车——红旗,这是中国第一部定型轿车,而且这一响亮的轿车品牌曾让一代中国人为之倾倒。1959 年第一批红旗 72 型轿车参加了国庆游行和阅兵,并成为中央部委领导的公务用车。同年,仿制德国奔驰 220s 的新型凤凰轿车试制成功,并成为中国的又一种定型轿车。由此,揭开了中国轿车工业生产的历史。

❷ 20 世纪 60 ~ 70 年代光荣与遗憾

1962 年 6 月周恩来总理到一汽视察,试坐了红旗轿车。1964 年,红旗轿车正式被国家确定为礼宾用车。1964 年,一汽正式成立轿车厂,1965 年 9 月 19 日,一辆崭新的红旗 770 型三排座样车开进北京,该车长 5.7m,内饰精美考究,乘坐十分舒适,一亮相就受到国家领导人的高度赞赏。1966 年,红旗 770 轿车进入批量生产阶段;1969 年,一汽又悄悄研制出红旗 772 型特种车;1972 年,毛泽东主席的专车也换成了红旗特种车,从而最后奠定了红旗轿车的至尊地位。红旗曾采用 V8 发动机,这在当时的世界轿车中是罕见的,体现出中国轿车的特色,红旗的特殊地位、独特的工艺及其精美、典雅的造型使其成为世界名车,当时,坐红旗车成为很多到中国来的外国贵宾的一大心愿。红旗车是中国人的骄傲,也是那个时代人们寄托情感的一大标志。

20 世纪 60 ~ 70 年代,除了红旗外,中国唯一大批量生产的轿车就是上海牌轿车。1964 年,凤凰牌轿车改名为上海牌,并对制造设备做了一系列改进。1965 年上海轿车通过一机部技术鉴定,批准定型。到 1979 年,上海牌轿车共生产了 17 000 多辆,成为我国公务用车和出租车的主要车型。1972 年起还对车身进行了改型,并减轻了自重。1980 年,该车年产量突破 5 000 辆。1985 年,已经开始与德国大众公司合资的上海轿车厂和嘉定县联营另行建厂继续生产上海轿车,并继续做了一些技术改进,一直生产到 20 世纪 90 年代。在相当长的时间里,上海轿车支撑着国内对轿车的需求,为社会发展做出了贡献。

新中国自力更生制造出的轿车填补了中国汽车工业的空白,让中国自立于世界汽车工业之林,但由于国家不开放,我国的汽车工业与世界隔绝,失去了交流提高的机会,使我国的汽车工业逐渐地被现代化的世界汽车工业抛在后面。另外,当时我国的汽车工业是以载货汽车为主导的,对轿车缺乏应有的重视,这使得我国的轿车工业技术水平长期处于极为幼稚的状态。

❸ 20 世纪 80 ~ 90 年代轿车梦渐圆

改革开放后,我国经济迅速发展,对轿车的需求越来越旺盛,我国落后的轿车工业根本无法满足这种需求。一时间,外国轿车洪水般涌入我国。1984 ~ 1987 年,我国进口轿车 64 万辆,耗资 266 亿元。为了迅速提高中国轿车生产能力和技术水平,我国汽车工业开始走上与国外汽车企业合作、引进消化外国先进技术的发展道路。

具体方式基本都是从进口全部散件组装开始,逐渐提高国产化率。20 世纪 80 年代中期可以视为第一阶段,建立了上海桑塔纳、广州标致两个合资企业,还引进了夏利、奥迪等车型。这一阶段是引进的摸索阶段,引进的车型和技术也不是很先进。90 年代前期和中期是新时期轿车工业发展的第二个阶段,中外合作以及技术引进都进一步深入,两个新建的合资企业一汽 – 大众和神龙富康起点都比较高,富康引进的是 90 年代的车型,一汽引进了先进的发动机制造技术。全国主要引进车型的国产化率达到 80% 以上,质量也显著提高,价格不断下降,国产轿车又占据了绝大部分市场销售份额。我国的轿车工业初具规模,整体实力显著增强。同时,国家也把轿车生产作为汽车工业发展的重点,并鼓励私人购车,轿车开始迅速进入百姓家,1 000 万人口的北京已经有 5 万多辆私人轿车。1998 年,我国轿车产量达到 43 万辆,大约占汽车总产量的 40%,汽车产业结构已经发生根本性的转变。1998 年以来,以中外合作和技术引进为基础的我国轿车工业又迈上了一个新台阶,广州本田、上海通用和一汽 – 大众分别引进了最新的高档车型雅阁、别克和奥迪 A6,这是我国轿车生产技术实力大大增强的必然结果,这几个车型的投产标志着中国轿车产品和生产技术赶上世界的发展步伐。

(三)我国汽车工业的发展史

1956 年 7 月 14 日,中国人自己制造的第一辆汽车——"解放"牌载货汽车从长春一汽总装线上盛装下线,中国的汽车工业从此开始起步。中国汽车工业经历了从自力更生到打开国门,从寻找合资到最后民族自主品牌的逐渐成熟,从无到有、从小到大,从诞生、成长到成熟螺旋式的发展历程。

1 三部曲之一:自主造车（1956 ~ 1984 年）

1953 年 7 月 15 日,毛主席亲笔题名的第一汽车制造厂在吉林省长春市动工兴建,中央动员、全国支援、参与建设者奋力拼搏,努力实现党中央提出"力争三年建成长春汽车厂和出汽车、出人才、出经验"的目标。

1965 年,国家出于经济安全等因素的考虑,在湖北十堰筹建二汽,二汽厂址原始地貌如图 1-9 所示。但二汽的建立并没有解决经济模式一直给中国汽车工业所带来的制约。到 1970 年,全国汽车产量才突破 10 万辆,1980 年才突破 20 万辆。

在这一时期,中国的轿车工业也曾昙花一现,有过短暂的繁荣。1958 年,一汽相继生产了"东风"、"红旗"两款轿车。同年,北京汽车制造厂研制的"井冈山"轿车、上海生产的"凤凰"轿车,作为庆祝共和国 10 周年的礼物而相继面世。但是,轿车产业的发展并没有因此蓬勃起来,而是由于种种原因被遏制在襁褓之中。从 1958 年到 1983 年,中国轿车用了 25 年的时间年产量才突破 5 000 辆。

图 1-9　二汽厂址原始地貌

1978 年以后,中国汽车工业迎来新的发展契机。当时的中央政府开始重新思考中国汽车工业的发展思路,汽车工业也因此注入了新的活力。"摸着石头过河""技术引进""与外国合资经营"等有关汽车发展的新名词也开始见诸报端,中国的汽车工业从此迸发出新的热量。考虑到当时民族汽车工业的技术落后,中央政府开始鼓励民族汽车厂商和国外汽车巨头接触。1978 年,美国通用汽车董事长墨菲先生来华考察中国的汽车工业。随后,国家开始组团赴德、美、日等汽车工业发达国家考察,并开始商谈合资事宜,中国汽车由此向世界汽车工业敞开了大门。

2 三部曲之二:借船出海（1984 ~ 1997 年）

1984 年以前,技术、资金、人才等很多发展的瓶颈毫无疑问制约了中国汽车工业的发展,利用外资来发展我国的汽车工业在此时被推到了历史的前台。1984 年 1 月,中国汽车的第一个中外合资企业——北京吉普诞生。有了先行者,中国汽车工业很快就进入了第一轮的合资高潮,1985 年 3 月,中德合资轿车生产企业——上海大众汽车有限公司成立,上海大众的成立意味着我国真正意义的现代汽车工业的开始。同年,南京汽车引入意大利菲亚特的依维柯汽车,广州和法国标致合资项目也成立,桎梏了几十年的轿车工业的能量开始井喷。

在 1986 年的六届四次人大会议上,汽车工业作为国家重要的支柱产业被写进了"七五计划"。到 1994 年,轿车产量已经超过 25 万辆,上海大众这个单一轿车生产企业逐渐超越了一汽、二汽,成为中国轿车企业的领头羊。

1987 年,国家在缜密研究了中国未来轿车工业的发展道路之后,确定了"三大三小"的总体格局,轿车工业开始向规模化方向发展。1990 年,中国轿车工业的三大基地进一步调整,上海汽车工业总公司成立。

1994 年,是中国汽车史上值得纪念的一年。在这一年国家出台了《汽车产业发展政策》。虽然其中有很多局限,但是国家开始对汽车产业的发展方向进行了重新定位,其中重要的是把汽车和家庭联系起来。家庭轿车市场孕育多年的潜能被无限放大,富裕起来的中国人渴望拥有一辆自己的轿车不再是遥远梦想,中国轿车工业的春天开始到来。

❸ 三部曲之三:自主创新 (1997 年至今)

国外汽车巨头在中国取得成功的背后是中国汽车工业自身的巨大牺牲。由于缺乏自主的品牌和关键技术,研发能力低,国内汽车产品的核心技术大多数掌握在合资企业手中。"拿市场换技术"的传统合资模式开始受到质疑。

中国自主汽车品牌企业正是在这样的暗流中涌动,1997 年 3 月,奇瑞公司在安徽成立,成为我国自主汽车品牌的新生力量。中国汽车自主品牌在夹缝中求生存,并逐渐壮大。根据国家信息中心的数据,2005 年自主企业销售呈现较大的增长,销售增幅 43.4%,而 2004 年自主企业的销售增幅仅为 3.5%。其中,奇瑞汽车销售 18.9 万辆,增幅达118.8%。目前中国自主汽车品牌销售的车型还是多集中于经济型车。在 A00 级轿车中,自主品牌占据了 55% 的份额;在 A0 级车中,自主品牌占据了 50.4% 的份额;而在 A 级车中,自主品牌的份额只有 5%。

随着国内汽车自主企业的成长壮大,作为民族汽车自主企业代表的奇瑞开始脱颖而出。从 0 到 20 万辆轿车下线,奇瑞只用了 4 年时间,而从 2004 年 20 万辆下线到奇瑞第50 万辆轿车下线还不到 2 年。

2001 年,奇瑞自主研发的第一款车风云正式上市,较高的性价比引起市场的强烈反响。另一款车系奇瑞 QQ,以成熟的市场营销策略和独特的外观设计使奇瑞 QQ 在市场上形成巨大的冲击波,成为国内两厢车的老大。2005 奇瑞轿车出口 1.8 万辆,位列全国轿车出口第一。为了更好地适应市场和技术不断变化的要求,2003 年初奇瑞成立汽车工程研究院,奇瑞形成了有自主创新、具有国际水平的技术开发平台。随后,在奇瑞诞生了中国第一个汽车发动机自主品牌 ACTECO,并且在 2006 年 3 月有 5 000 台发动机出口美国,实现中国自主发动机品牌出口"零的突破"。

走合资道路有其历史原因,但是自主品牌、自主创新才是中国汽车工业的终极目标。汽车工业必须依靠自主创新来提升中国汽车工业企业的核心竞争力,参与国际竞争已经成为重点关注的话题,在国家政策大力支持下,奇瑞公司的第 50 万辆汽车下线,也是民族汽车工业史的一个里程碑。

(四)国内汽车市场的现状

统计数字显示,近五年机动车年均增量 1 500 多万辆;机动车驾驶人数量也呈现大幅增长趋势,年均增量 2 000 多万人。

2020 年之前,中国仍将处于工业化和城市化同步加速的发展阶段,国民经济还将保持较快发展,汽车消费将进一步升级;2009 年中国平均每千人汽车拥有量为 47.2 辆,仅是世界平均水平 141.4 辆的 33.3%,与发达国家差距更大,从这一角度进一步说明国内汽车消费市场将进一步扩大,潜力巨大。

目前,中国汽车市场正由一线城市向二、三线城市、农村转移。由于二、三线城市人口众多,汽车保有量相对偏低。随着经济的较快发展,二、三线城市的汽车需求将不断增多,所占市场份额也将呈逐年攀升之态势。同时,农村汽车消费潜力也将逐渐释放。

四 评价与反馈

❶ 自我评价

(1)通过本学习任务的学习你是否已经知道以下问题:

①汽车美容与装潢的定义。

②汽车美容与装潢的主要内容。

③汽车美容与装潢行业的背景。

④汽车美容与装潢行业的发展趋势。

(2)通过本学习任务的学习,你认为自己的知识还有哪些欠缺?

_____

_____。

签名:_____　　____年___月___日

❷ 小组评价

小组评价表见表 1-1。

小 组 评 价 表　　　　　　　　表 1-1

序号	评价项目	评价情况
1	着装是否符合要求	
2	是否能合理规范地使用教学设备	
3	是否按要求描述出本学习任务相关内容	
4	是否遵守学习的规章制度	
5	是否能保持学习场所的整洁	
6	团结协作情况	

参与评价的同学签名:_____　　____年___月___日

❸ 教师评价

教师签名：＿＿＿＿＿＿＿＿　　　＿＿＿＿＿年＿＿月＿＿日

学习任务 2　汽车美容与装潢法律法规

🔖 **学习目标**

⭐ **知识目标**

1.掌握汽车美容与装潢相关法律法规类型；

2.掌握常见的企业法律法规；

3.了解汽车改装法规主要解读内容。

⭐ **技能目标**

1.能简述汽车美容与装潢相关法律法规类型；

2.能简述常见的企业法律法规；

3.能说出汽车改装法规主要解读内容。

⏲ **建议课时**

2 课时。

任务描述

小王将自己的爱车交给汽车美容与装潢企业进行美容和装潢。为了确保自己的爱车和消费得到保障,小王要求与企业签订有效合同,包括双方的责任、权利和义务以及施工后的效果和维权等方面内容。

一　知识准备

经济的发展与法制的建设是密不可分的,要想经济健康快速的发展,就必须要有法律作为保障,而法律的建设更是脱离不了经济的发展。汽车美容与装潢行业的管理体制和管理方式也正处于不断变化中,制定一套适应新市场改革的科学、规范、统一、有序的各企业能够执行的法律法规是维护汽车美容与装潢行业健康发展的重要保障。目前虽然汽车美容与装潢行业相关的法律法规还存在很多需要完善的地方,但现行的关于汽车美容与装潢企业经营和管理的法律法规还是应该严格遵守执行的。

❶ 现行的法律(部分)

中华人民共和国物权法(2007 年 3 月 16 日)

中华人民共和国合同法(1999 年 3 月 15 日)

中华人民共和国侵权责任法(2009 年 12 月 26 日)

中华人民共和国产品质量法(2000 年 7 月 8 日修正)

中华人民共和国消费者权益保护法(2014 年 3 月 15 日)

中华人民共和国车船税法(2011 年 2 月 25 日)

中华人民共和国环境保护法(2014 年 4 月 24 日修订)

中华人民共和国环境噪声污染防治法(1996 年 10 月 29 日)

中华人民共和国大气污染防治法(2015 年 8 月 29 日修订)

中华人民共和国标准化法(1988 年 12 月 29 日)

中华人民共和国计量法(2015 年 4 月 24 日修正)

中华人民共和国反垄断法(2007 年 8 月 30 日)

中华人民共和国反不正当竞争法(1993 年 9 月 2 日)

中华人民共和国政府采购法(2002 年 6 月 29 日)

中华人民共和国进出口商品检验法(2002 年 4 月 28 日修正)

中华人民共和国对外贸易法(2004 年 4 月 6 日修订)

中华人民共和国海关法(2013 年 6 月 29 日第二次修正)

中华人民共和国公路法(2004 年 8 月 28 日修正)

中华人民共和国道路交通安全法(2011 年 4 月 22 日修订)

中华人民共和国保险法(2015 年 4 月 24 日第三次修正)

❷ 现行的行政法规(部分)

缺陷汽车产品召回管理条例(2012 年 10 月 10 日)

中华人民共和国车船税法实施条例(2011 年 11 月 23 日)

机动车交通事故责任强制保险条例(2012 年 12 月 17 日修订)

中华人民共和国道路运输条例(2013 年 1 月 1 日修正)

中华人民共和国道路交通安全法实施条例(2004 年 4 月 28 日)

中华人民共和国车辆购置税暂行条例(2000 年 10 月 22 日)

中华人民共和国标准化法实施条例(1990 年 4 月 6 日)

中华人民共和国消费税暂行条例(2008 年 11 月 5 日修订)

中华人民共和国增值税暂行条例(2008 年 11 月 5 日修订)

中华人民共和国货物进出口管理条例(2001 年 10 月 31 日)

中华人民共和国计量法实施细则(1987 年 2 月 1 日)

❸ 国务院部门规章及相关规范性文件(部分)

1)综合类

机动车登记规定(2012 年 9 月 12 日修正)

机动车驾驶证申领和使用规定(2009 年 12 月 7 日修正)

工业和信息化部关于建立汽车行业退出机制的通知(2012 年 7 月 12 日)

国家质检总局、工业和信息化部、中国残联关于加强残疾人驾驶机动车辅助装置监管有关问题的通知(2010 年 6 月 29 日)

国家认证认可监督管理委员会关于汽车改装强制性产品认证有关事宜的复函(2010 年 4 月 21 日)

工业和信息化部、国家发展和改革委员会关于停止执行《汽车产业发展政策》有关条目的决定(2009 年 8 月 15 日修正)

汽车运价规则(2009 年 6 月 19 日)

道路运输价格管理规定(2009 年 6 月 19 日)

专用汽车和挂车生产企业及产品准入管理规则(2009 年 6 月 18 日)

国家发展改革委关于汽车工业结构调整意见的通知(2006 年 12 月 20 日)

国家发展改革委关于规范三轮汽车、低速货车管理有关事项的通知(2006 年 5 月 10 日)

海关总署、国家发展改革委、商务部关于执行《汽车产业发展政策》有关问题的公告(2005 年 9 月 14 日)

汽车产业发展政策(2009 年 8 月 15 日修改)

机动车登记规定(2008 年 5 月 27 日)

国家经济贸易委员会、劳动和社会保障部关于规范旧机动车鉴定评估工作的通知(2002 年 11 月 5 日)

国家经济贸易委员会、公安部关于进一步加强车辆公告管理和注册登记有关事项的通知(2002 年 10 月 18 日)

中国名牌产品管理办法(2009 年修正)

国家经济贸易委员会、公安部关于在生产及使用环节治理整顿载货类汽车产品的通知(2001 年 8 月 10 日)

国家经济贸易委员会关于车辆生产企业及产品目录管理改革有关问题的通知(2001 年 5 月 22 日)

当前国家重点鼓励发展的产业、产品和技术目录(节选)(2005 年修订)

中西部地区外商投资优势产业目录(2013 年修订)

国家工商行政管理局关于禁止汽车零部件销售商店、汽车维修站点擅自使用他人注册商标的通知(1995 年 7 月 27 日)

2)新能源类

节能与新能源汽车产业发展规划(2012~2020 年)(2012 年 6 月 28 日)

财政部办公厅科技部办公厅、工业和信息化部办公厅、发展改革委办公厅关于进一步做好节能与新能源汽车示范推广试点工作的通知(2011 年 10 月 14 日)

科学技术部、财政部、工业和信息化部、国家发展和改革委员会关于加强节能与新能源汽车示范推广安全管理工作的函(2011 年 8 月 18 日)

财政部、科技部、工业和信息化部、国家发展改革委关于扩大公共服务领域节能与新能源汽车示范推广有关工作的通知(2010 年 5 月 31 日)

新能源汽车生产企业及产品准入管理规则(2009 年 6 月 17 日)

节能与新能源汽车示范推广财政补助资金管理暂行办法(2009 年 1 月 23 日)

科学技术部、国家环保总局、国家计委、国家经贸委、教育部、国家机械工业局、公安部、建设部、交通部、财政部、国家税务总局、国家质量技术监督局、国家石油和化学工业局关于实施"空气净化工程——清洁汽车行动"的若干意见(1999 年 12 月 7 日)

3)标准类

关于批准发布《电动汽车传导充电用连接装置第 1 部分:通用要求》等 4 项国家标准的公告(2012 年 3 月 1 日)

139 项汽车、制药装备、包装、纺织行业标准编号、名称、主要内容及起始实施日期(2009 年 11 月 17 日)

GB 4785—2007《汽车及挂车外部照明和光信号装置的安装规定》国家标准第 1 号修改单(2009 年 10 月 9 日)

轻型汽车燃料消耗量标示管理规定(2009 年 8 月 5 日)

国家标准《机动车运行安全技术条件》(GB 7258—2012)(2012 年 5 月 11 日)

商务部、海关总署关于对部分汽车及配件编码调整的公告(2007 年 2 月 27 日)

GB 4785—2007《汽车及挂车外部照明和光信号装置的安装规定》国家标准第 1 号修改单(2009 年 10 月 9 日)

交通部关于发布道路运输企业等级等 22 项交通行业标准和废止汽车旅客运输班车客运服务质量等 93 项交通行业标准的通知(2005 年 9 月 21 日)

强制性产品认证标志管理办法(2001 年 12 月 3 日)

强制性产品认证管理规定(2009 年 7 月 3 日)

国家认证认可监督管理委员会关于实施强制性产品认证制度有关问题的通知(2000 年 12 月 3 日)

汽车行业标准化管理办法(1996 年 1 月 16 日)

汽车行业标准制定工作细则(1996 年 1 月 16 日)

汽车行业国际标准化工作细则(1996 年 1 月 16 日)

国家标准管理办法(1990 年 8 月 24 日)

企业标准化管理办法(1990 年 8 月 24 日)

中华人民共和国计量法条文解释(1987 年 5 月 30 日)

4)环保类

环境保护部关于实施国家第五阶段气体燃料点燃式发动机与汽车排放标准的公告

17

（2012 年 12 月 3 日）

环境保护部关于实施国家第四阶段重型车用汽油发动机与汽车排放标准的公告（2012 年 7 月 25 日）

环境保护部关于发布《重型车用汽油发动机与汽车第四阶段排放标准车载诊断系统和耐久性技术要求》的公告（2012 年 6 月 29 日）

电动汽车科技发展"十二五"专项规划（2012 年 3 月 27 日）

环境保护部关于发布国家环境保护标准《轻型汽车车载诊断（OBD）系统管理技术规范》的公告（2009 年 12 月 1 日）

国家环境保护总局关于汽车维修行业开展二氟二氯甲烷（CFC - 12）制冷剂回收利用工作的通知（2007 年 11 月 13 日）

国家环境保护总局关于发布《清洁生产标准汽车制造业（涂装）》等两项国家环境保护行业标准的公告（2006 年 8 月 15 日）

在用机动车排放污染物检测机构技术规范（2005 年 1 月 31 日）

排污费征收标准管理办法（2003 年 2 月 28 日）

汽车、摩托车及其车用发动机产品污染物排放监控管理办法（2001 年 2 月 27 日）

全国机动车尾气排放监测管理制度（暂行）（1991 年 2 月 22 日）

汽车排气污染监督管理办法（2010 年 12 月 22 日修正）

5）质量类

（1）整车。

国土资源部办公厅关于印发《国土资源执法监察车辆（汽车类）标识及外观制式涂装规范》和《国土资源执法监察车辆（摩托车类）标识及外观制式涂装规范》的通知（2012 年 8 月 31 日）

国家质量监督检验检疫总局、公安部、国家认证认可监督管理委员会关于进一步加强机动车安全技术检验机构资格许可和监管工作的通知（2011 年 4 月 15 日）

GB 21861—2008《机动车安全技术检验项目和方法》国家标准第 1 号修改单（2010 年 4 月 2 日）

国家质量监督检验检疫总局、公安部关于进一步加强机动车安全技术检验机构和机动车安全技术检验工作监管的通知（2010 年 3 月 20 日）

工业和信息化部关于加强汽车产品质量建设促进汽车产业健康发展的指导意见（2010 年 3 月 14 日）

国家质量监督检验检疫总局关于印发《机动车安全技术检验机构检验资格许可办理程序》等 5 个规范性文件的通知（2009 年 12 月 1 日）

机动车安全技术检验机构监督管理规范（2009 年 10 月 13 日）

机动车安全技术检验机构检验资格许可办理程序（2006 年 8 月 25 日）

机动车安全技术检验机构检验资格许可技术条件（2010 年 6 月 21 日）

机动车安全技术检验机构检验资格许可审查员管理规定（2010 年 6 月 21 日修正）

机动车安全技术检验机构检验资格许可证书和检验专用章管理规范（2010 年 2 月

20 日）

机动车安全技术检验机构监督管理办法（2009 年 10 月 13 日）

汽车产品外部标识管理办法（2005 年 11 月 3 日）

国家发展改革委办公厅关于机动车整车出厂合格证信息上传及管理的通知（2005 年 9 月 10 日）

国家工商行政管理总局关于处理侵害消费者权益行为的若干规定（2004 年 3 月 12 日）

产品防伪监督管理办法（2002 年 11 月 1 日）

产品防伪监督管理办法实施细则（2003 年 8 月 7 日）

国家质量监督检验检疫总局关于汽车产品质量监督检查有关问题的通知（2001 年 6 月 18 日）

产品免于质量监督检查工作实施细则（2000 年 8 月 11 日）

产品质量仲裁检验和产品质量鉴定管理办法（2005 年 5 月 8 日）

产品质量申诉处理办法（1998 年 3 月 12 日）

国家技术监督局关于依法加强产品标识监督管理的通知（1997 年 11 月 7 日）

公安部关于不准强制安装汽车防盗等非法定安全装置的通知（1994 年 6 月 28 日）

道路运输车辆技术管理规定（2016 年 1 月 22 日）

（2）零部件。

汽车零部件再制造试点管理办法（2008 年 3 月 2 日）

国家认证认可监督管理委员会关于对强制性产品认证目录内汽车零部件包装标识标注有关问题的批复（2007 年 8 月 8 日）

海关总署 2006 年第 64 号公告——关于汽车零部件规范申报问题（2006 年 11 月 3 日）（2005 年 11 月 15 日）

国家认证认可监督管理委员会 2005 年第 33 号公告——指定承担部分机动车零部件产品强制性认证任务的认证机构和检测任务的检测实验室的公告（2005 年 11 月 15 日）

国家认证认可监督管理委员会 2005 年第 26 号公告——申请承担机动车零部件产品指定认证机构和指定检测实验室的相关信息的公告（2005 年 9 月 22 日）

国家质量监督检验检疫总局、国家认证认可监督管理委员会 2005 年第 137 号公告——实施强制性产品认证的机动车零部件产品目录（2005 年 9 月 12 日）

国家认证认可监督管理委员会 2005 年第 19 号公告——机动车辆类强制性认证实施规则汽车安全带产品（2005 年 8 月 9 日）

国家认证认可监督管理委员会 2004 年第 6 号公告——机动车部件自愿性认证实施规则（2004 年 2 月 23 日）

6）销售类

（1）品牌销售。

国家工商行政管理总局关于公布品牌汽车销售企业名单的通知（2014 年 9 月 22 日）

决定委托中国汽车工业协会开展汽车总经销商、品牌经销商资质条件评估工作（2006

年2月14日)

汽车总经销商和品牌经销商资质条件评估实施细则(2006年1月12日)

国家工商行政管理总局关于进一步贯彻实施《汽车品牌销售管理实施办法》《二手车流通管理办法》的意见(2005年11月10日)

从事成品油和汽车分销、特许经营活动的申报规定(2005年8月5日)

《汽车品牌销售管理实施办法》有关项目申报备案材料(2005年5月30日)

汽车品牌销售管理实施办法(2005年2月21日)

(2)以旧换新。

财政部、商务部关于加大老旧汽车报废更新补贴工作力度的通知(2012年6月11日)

财务部、商务部关于2012年老旧汽车报废更新补贴车辆范围及补贴标准的公告(2012年6月1日)

财政部、商务部、环境保护部关于汽车以旧换新政策到期后停止执行等有关问题的通知(2010年12月30日)

财政部、商务部、环境保护部关于延长实施汽车以旧换新政策的通知(2010年6月18日)

财政部、商务部关于允许汽车以旧换新补贴与车辆购置税减征政策同时享受的通知(2010年1月4日)

财政部、商务部关于调整汽车以旧换新补贴标准有关事项的通知(2009年12月28日)

汽车以旧换新实施办法(2009年7月13日)

促进扩大内需鼓励汽车、家电"以旧换新"实施方案(2009年6月1日)

老旧汽车报废更新补贴资金管理办法(2013年4月26日)

欺诈消费者行为处罚办法(2015年3月15日)

(3)二手回收。

商务部关于促进汽车流通业"十二五"发展的指导意见(2011年12月22日)

国家工商行政管理总局、交通运输部、国家质量监督检验检疫总局关于进一步加强汽车销售行为以及汽车配件质量监管工作的通知(2010年7月26日)

汽车产品回收利用技术政策(2006年2月6日)

汽车贸易政策(2005年8月10日)

国家工商行政管理总局关于开展二手车交易市场和汽车摩托车配件市场专项整治工作的通知(2005年3月28日)

商务部、国家发展和改革委员会、公安部、监察部、财政部、交通部、国家税务总局、国家工商行政管理总局、国家质量监督检验检疫总局关于开展汽车市场专项整治工作的通知(2003年12月11日)

国家经贸委、公安部关于加强旧机动车市场管理工作的通知(2001年12月13日)

国家计委办公厅关于旧机动车辆交易价格评估工作有关问题的通知(1999年7月5

日）

公安部、国家工商行政管理局关于加强机动车交易管理的公告（1998 年 5 月 8 日）

旧机动车交易管理办法（1998 年 3 月 9 日）

（4）汽车下乡。

财政部、国家发展改革委、工业和信息化部、公安部、商务部、工商总局、质检总局关于继续实施汽车下乡政策的通知（2010 年 1 月 8 日）

汽车摩托车下乡流通网点建设标准（2009 年 12 月 4 日）

国家工商行政管理总局关于深入开展"家电下乡"、"汽车摩托车下乡"市场专项整治工作的通知（2009 年 7 月 6 日）

商务部、发展改革委、工商总局、质检总局关于做好汽车摩托车下乡有关工作的通知（2009 年 4 月 28 日）

财政部关于汽车摩托车下乡补贴审核有关事项的通知（2009 年 4 月 8 日）

国家认证认可监督管理委员会关于加强小排量汽车及汽车摩托车下乡产品认证监管工作的通知（2009 年 4 月 7 日）

财政部、工业和信息化部关于"汽车摩托车下乡"产品标识及使用规范等有关问题的通知（2009 年 4 月 3 日）

7）进出口类

商务部、工业和信息化部、海关总署、质检总局、国家认监委关于进一步规范汽车和摩托车产品出口秩序的通知（2012 年 9 月 6 日）

国家认证认可监督管理委员会关于进一步完善和规范免于强制性认证特殊用途进口汽车检测处理程序的通知（2011 年 7 月 29 日）

商务部、国家发展和改革委员会、工业和信息化部、财政部、海关总署、国家质量监督检验检疫总局关于促进我国汽车产品出口持续健康发展的意见（2009 年 10 月 23 日）

中华人民共和国海关总署、中华人民共和国国家发展和改革委员会、中华人民共和国财政部、中华人民共和国商务部关于废止《构成整车特征的汽车零部件进口管理办法》的决定（2009 年 8 月 28 日）

国家质量监督检验检疫总局关于进口汽车质量安全监督管理有关要求的通知（2009 年 4 月 10 日）

海关总署关于构成整车特征的汽车零部件进口管理有关问题的通知（2008 年 9 月 18 日）

国家汽车及零部件出口基地管理办法（试行）（2008 年 9 月 5 日）

对进口机动车车辆识别代号（VIN）实施入境验证管理的公告（2008 年 1 月 2 日）

调整《中华人民共和国进出口税则》中汽车等商品的进口关税税率以及对相关国家和地区实施协定税率、特惠税率（2006 年 6 月 30 日）

重要工业品自动进口许可管理实施细则（2002 年 1 月 15 日）

货物自动进口许可管理办法（2004 年 11 月 10 日）

机电产品进口管理办法（2008 年 4 月 7 日）

外商投资企业投资自用进口汽车管理办法(2000年7月21日)

进口汽车检验管理办法(1999年11月22日)

中华人民共和国海关总署关于增加进口汽车零件、部件定点报关口岸的通知(1992年8月19日)

8)税费类

商务部工业和信息化部公安部财政部税务总局工商总局银监会保监会关于促进汽车消费的意见(2009年3月30日)

国家税务总局关于厢式货车改装生产的汽车征收消费税问题的批复(2008年5月21日)

汽车金融公司管理办法(2008年1月24日)

国家税务总局关于购进整车改装汽车征收消费税问题的批复(2006年8月15日)

国家税务总局关于消费者丢失机动车销售发票处理问题的批复(2006年2月27日)

消费税问题解答(1997年5月21日)

国家税务总局关于消费税若干征税问题的通知(1997年5月21日)

消费税暂行条例实施细则(2008年12月15日)

增值税暂行条例实施细则(2011年10月28日修订)

9)保险类

中国保险监督管理委员会关于支持汽车企业代理保险业务专业化经营有关事项的通知(2012年9月14日)

中国保险监督管理委员会关于发布《机动车保险数据交换规范》行业标准的通知(2009年4月3日)

汽车产业法律法规大全目录中国保险监督管理委员会关于加强机动车交强险承保工作管理的通知(2009年3月25日)

机动车交通事故责任强制保险业务单独核算管理暂行办法(2006年6月30日)

中国保险监督管理委员会关于印发机动车交通事故责任强制保险统计制度的通知(2006年6月19日)

中国保险监督管理委员会关于机动车交通事故责任强制保险统计信息使用和管理的通知(2006年6月19日)

中国保险监督管理委员会关于规范机动车交通事故责任强制保险单证和标志管理的通知(2006年6月5日)

中国保险监督管理委员会关于规范汽车消费贷款保证保险业务有关问题的通知(2004年1月15日)

10)维修类

家用汽车产品修理、更换、退货责任规定(2013年1月16日)

机动车强制报废标准规定(2012年12月27日)

国家质量监督检验检疫总局关于贯彻实施《缺陷汽车产品召回管理条例》若干问题的意见(2013年1月17日)

交通运输部办公厅关于做好交通运输行业标准机动车维修服务规范宣传贯彻工作的通知(2011 年 11 月 9 日)

商务部办公厅关于启用新《报废汽车回收证明》有关事宜的通知(2009 年 7 月 17 日)

机动车维修企业质量信誉考核办法(试行)(2006 年 12 月 25 日)

国家质量检验检疫总局关于对缺陷汽车召回管理制度开展专项检查的通知(2006 年 6 月 28 日)

机动车检测维修专业技术人员职业水平评价暂行规定(2006 年 5 月 19 日)

机动车维修管理规定(2016 年 4 月 14 日第二次修正)

商务部办公厅关于做好报废汽车回收拆解信息统计工作的通知(2005 年 4 月 6 日)

国家经济贸易委员会关于贯彻《报废汽车回收管理办法》的实施意见(2001 年 9 月 21 日)

道路运输车辆维护管理规定(2001 年 8 月 20 日修正)

对外经济贸易合作部、国家经贸委、财政部、公安部、国家工商局、海关总署关于执行《关于禁止非法拼(组)装汽车、摩托车的通告》的实施细则(1999 年 10 月 25 日)

机动车修理业、报废机动车回收业治安管理办法(1999 年 3 月 25 日)

汽车维修质量纠纷调解办法(1998 年 7 月 15 日)

国务院关于对禁止非法拼(组)装汽车、摩托车通告的批复(2010 年 3 月 25 日)

工商行政管理机关处理消费者投诉办法(2014 年 2 月 14 日)

交通部关于对外资、中外合资、中外合作的汽车维修企业和汽车综合性能检测站(中心)实施行业管理的函(1990 年 5 月 1 日)

二　任务实施

汽车美容与装潢企业和拟制人格一样,按照从成立、经营到解散或破产的顺序,与之密切相关的主要法律、法规如下。

❶ 公司成立

1)《中华人民共和国公司法》

公司法,是规范公司行为的基本法律,公司的设立、股东资格、公司章程、股东责任、股东权利、公司高管、公司解散、清算等事项,都应当按照公司法的规定来进行,是中、小企业贯穿始终的一部法律。

2)《公司登记管理条例》

公司登记管理条例是公司设立、年检、注销必须遵循的法规。

❷ 公司运营期间

1)《中华人民共和国合同法》

公司成立的目的是为了盈利,而盈利就离不开交易。《中华人民共和国合同法》是规范市场交易的法律,是民事主体进行经济活动所遵循的主要法律。合同涵盖的内容广泛,不仅商品交易需要订立合同,涉及公司的股权交易、知识产权交易、物权变动等事项也均需有合同保障,均受《中华人民共和国合同法》的调整。

2)《中华人民共和国物权法》

公司经营所得,涉及的土地、房产等不动产以及交易有些动产,是需要登记才能取得物权的,这部分物权的取得是要受《中华人民共和国物权法》调整的。同时,《中华人民共和国土管法》、《中华人民共和国房地产管理法》也是涉及土地、房产物权方面应当遵循的规范。另外,物权具有担保功能,在涉及物权担保时,《中华人民共和国物权法》的相关规定,是必须遵守的。

3)金融类法律

公司成立之后,运营期间,要支付结算、要贷款融资,这个时候,涉及的法律、法规有《贷款通则》、《中华人民共和国票据法》、《中华人民共和国证券法》等。公司为了分散风险以及交通工具类因国家强制规定,而必须或选择的保险,就又涉及《中华人民共和国保险法》的相关规定。

4)知识产权类的法律

公司要有自己的商誉、同时还会给自己的产品或者服务注册商标、有自己的商业秘密和专利技术。这些涉及《中华人民共和国商标法》、《中华人民共和国专利法》、《中华人民共和国反不正当竞争法》的调整。

5)《中华人民共和国婚姻法》、《中华人民共和国继承法》

公司在运转的过程中,可能出现股东因为婚姻、继承事项的出现,而出现股东或股份的变动,这方面上述两部法律均有调整。

6)税收类的法律

公司作为最重要的纳税义务人,在缴纳税款的时候要遵循《中华人民共和国增值税法》、《中华人民共和国企业所得税法》、《中华人民共和国个人所得税法》、《中华人民共和国税收征管法》等法律的规范和约束。

7)劳动类法律

公司经营离不开人,而公司作为用人单位就要遵守《中华人民共和国劳动法》、《中华人民共和国劳动合同法》以及相关的配套法规的规定,为劳动者缴纳各种社会保险。

8)《中华人民共和国会计法》

公司运转,各种经济指标都要用数字来体现,而体现的数字都要受《中华人民共和国会计法》的规定,不能违背该法及配套法规的相关规定。

9)《中华人民共和国担保法》

公司经营的时候,不仅涉及为人担保,也可能涉及找人担保,这方面就要受到《中华人民共和国担保法》的调整。

❸ 公司终止时

公司的终止,就是公司作为法人人格的消灭,无论是股东自行决定解散还是申请法院解散,都要成立清算组,这时的操作《中华人民共和国公司法》有规定;而到了资不抵债的时候,申请破产就要受《中华人民共和国破产法》的调整。

综述，我们可以看到，国家为了保障公司的正常运转，设计了一系列的法律规范，可以形象地说，公司就是在"法网"里运转的经济体。总体可概括为《中华人民共和国公司法》《最高人民法院关于适用〈中华人民共和国公司法〉若干问题的规定（一）、（二）、（三）》《中华人民共和国企业破产法》《公司注册资本登记管理规定》《中华人民共和国会计法》《中华人民共和国反不正当竞争法》《中华人民共和国广告法》《中华人民共和国安全生产法》《中华人民共和国审计法》《中华人民共和国合同法》《最高人民法院关于适用〈中华人民共和国合同法〉若干问题的解释（一）、（二）》《中华人民共和国劳动法》《关于贯彻执行〈中华人民共和国劳动法〉若干问题的意见》《最高人民法院关于审理劳动争议案件适用法律若干问题的解释（一）、（二）、（三）》《中华人民共和国劳动合同法》《中华人民共和国劳动合同法实施条例》等。

三　学习拓展

1 我国汽车改装相关法规该如何制定

中国的汽车产业高度市场化、充分国际化的时间只有十几年，汽车产业政策与相关的法律法规尚处于动态化调整、方向式规范或酝酿性完善的时期，有些新增领域甚至处于法规空白状态。这与市场高速增长的现实形成了较大的时间差与观念差，在汽车刚刚完成从生产资料向生活资料的角色转换而走入家庭的时候，汽车个性文化的需求已经浮出水面，产业链的中后端市场得到了大幅的拉伸与扩张。

汽车改装（精装）作为一种新兴的市场业态，已经成为汽车产业链的一个重要组成部分。在汽车工业相对发达的国家，如美国、德国、日本以及加拿大、新加坡、马来西亚等，汽车改装（精装）市场经历了较长时间的发展，目前，无论从产品、技术、服务标准、管理法规以及市场基础等软硬件环境上均进入了相对完善与成熟的时期。

美国是汽车轮子上的国家，在很大程度上引导着国际汽车市场的发展趋势，其法律对汽车改装的管理基本是开放式的，政府允许设立专门的汽车定制工厂，完全依照顾客的要求定制汽车，这种汽车的独有性、个性化达到极致，而其价格更可以用天文数字来形容。

这种现象，在改装行业发达的欧洲及日本等地也被表现得淋漓尽致。欧盟专门成立了汽车改装协会（ETO），负责组织制定汽车改装市场的技术标准，对改装市场的发展提供有效的管理与规范。日本的汽车改装法规是全球最为详细和相对严谨的，日本国内的（改装）零部件生产商各自组织了不同的专业协会，来和政府共同协商各项标准的拟定和进行业内自我监管，保证产品符合道路交通法和保安基准（日本安全标准）的限制和标准。日本的改装法规列明了80多项可以无须申报的指定部品，车迷们只要购买这些认证了的配件进行改装，便具有了品质和法律上的保证。如果改装幅度超出指定部品的范围，但只要符合保安基准的标准，车主都可以向陆上运输局申请，检测合格后就可以合法地上牌。

在我国，汽车行业的管理法规主要集中在汽车生产准入环节，而对于售后服务、服务

25

贸易、汽车文化等新兴市场方面的法规缺乏系统性、针对性及前瞻性。对于汽车改装市场而言,唯一可以依据的法规就是《道路交通安全法》,但其中的有关规定并非完全针对目前市场意义上的汽车改装(精装),因为制定法律时的市场因素中还没有涉及个性改装的对象。换一种说法即是法规中的改装与市场意义上的改装并非一个概念。正所谓名不正则言不顺,科学、正确的对汽车改装的内涵进行定义与界定,将有助于这一业态的产业定位准确性,进而有利于推动其发展健康化、管理规范化以及市场协调化。

根据发达国家的经验结合市场客观发展规律,个性化、细分化、多元化的市场现象必然会走上经济前台,并成为未来成熟市场的重要特征。因此,结合市场主流趋势与我国国情、文化、经济等特点对我国汽车改装(精装)市场进行研究,是十分必要而重要的。以下七个方面的要素将成为我们探索的关键:

(1)品牌许可:奔驰、宝马、福特、奥迪、大众等整车厂为满足用户多元化的需求,专门授权专业改装厂从事汽车精装业务。其使用的产品配件、装配技术与精装范围、实施方案、服务标准均获得了整车制造厂的认证及授权使用,改装后的汽车仍可使用原品牌标识,也可以同时使用改装企业的品牌标识,实行双品牌。因此这类改装企来也被称为"御用改装厂"。他们有厂家的血缘支持,可谓根正苗红,在一定意义上可以视为原厂品牌个性化、精细化的一个再造流程,是批量制造平台的补充环节。因为有厂家的技术背景与品质认证,原厂品牌授权的改装(精装)项目在法规管理上相对容易获得通过。

(2)知识产权:汽车改装(精装)涉及造型设计、品牌商标、部品配件研发、技术改进、电脑数据调整等多个方面,因此,和其他领域一样,知识产权的应用与保护将是汽车改装行业的一个十分突出的问题。

(3)产品标准:我国对许多种汽车零部件的管理实行的是强制认证,凡列入目录内的零部件产品,未获得强制性产品认证证书,以及未加施中国强制性产品认证标志的汽车零部件,不得出厂、销售、进口或在其他经营活动中使用。目前我国汽车改装(精装)市场的部品备件大多系国外产品,也有一部分由国内企业研发制造。许多产品、配件、应用技术并未列入原厂车型的标配体系中,因此,建立起针对汽车改装(精装)产品的备案注册系统,有利于在产品品质及配套标准上解决或改善换装部件所带来的安全隐患与质量纠纷。

(4)技术服务标准:汽车改装(精装)包括:加装与配装、换装与调校、强化与升级三个方面。具有很强的技术性、服务性,需要专用设备、工具、施工环境及相应的工艺,一些改装(精装)项目的技术及工艺要求甚至要高于汽车修理厂,因此,对改装项目进行技术等级及服务标准进行确定与规范是十分必要的,从业企业要制定明确的服务项目、服务标准及服务品质保证,进行明码标价并对外公示。以保证服务透明度、明确责任、减少经营纠纷。

(5)安全认证:汽车是具有公众安全关联性的社会类商品,其安全监管涉及整车制造、配件、运行、旧车交易、养护、维修、报废等环节。对于汽车的改装(精装)可分成新车改装(精装)与在用车改装(精装),新车改装(精装)是在汽车上牌前由厂家或其指定的改装厂完成的,可称之为原厂品牌改装(精装)车,这类汽车有原厂的技术支持、质量把控及品牌许可,因此,有些项目可以纳入视同或免除的范畴。而在用车辆的改装(精装)尚缺乏行业标准与安全认证体系,有待于进行进一步的研究。我们目前已经与欧盟汽车改装协会(ETO)、日本 GT 组织、英国汽车改装协会建立了战略合作关系,并成立了国际汽车汽车改装市场联盟沟通机构,就了解、借鉴、学习国外汽车改装市场的管理方法与技术服务标准进行深入的研究与交流。

(6)经营资质:我国目前的法律法规对汽车产业链中的关键环节实行的是准入管理,如整车制造、旧车交易、汽车报废拆解、汽车修理等环节的经营资格采取的是审批制。汽车改装(精装)作为一种新兴的市场业态,是否属于特殊行业还没有明确的定论,其难点在于我国的行业代码中是并未列入"汽车改装",也就是说"汽车改装"在中国还不能称之为具有法定意义的行业。但从实际市场情况来看,汽车改装(精装)既涉及装饰项目,也包含着加装设备、换装配件等修理业务的内容,同时,汽车改装(精装)所使用的零部件、技术、研发等又自成体系,具有相对独立性。因此,从我国对公众产品的管理角度来看,汽车改装(精装)市场实行分级管理是最有可能的政策思路,涉及法规中对整车强制性标准进行改动的项目必须取得安全认证;涉及部件换装的部分应符合法规中针对零部件的技术标准;而对于不涉及强制认证范围的精装项目则由行业组织以自律方式进行市场化制约。

另外,汽车改装(精装)领域的从业人员也应加强培训、认证及资格管理。

(7)售后服务:汽车改装(精装)关联着产品品质及技术服务品质一软一硬两项指标,因此,明确售后服务的主体非常重要。本着谁销售、谁负责的原则,应尽快建立行业售后服务公约,并细化售后服务的具体内容及责任界定标准,这不但有利于减少经营纠纷,同时也有助于提高市场认可度及树立行业公信力。

综而述之,我国的汽车改装市场将进入一个快速增长期,从产业发展的角度来看,汽车改装(精装)将成为产业链的增值环节,并在扩大产业概念、提高产业辐射、拉动产业经济上下游的成长具有积极的作用;从社会进步的角度来看,汽车改装(精装)是消费文明、个性文化以及生活观多元化的具体体现。因而,它具有提高社会效益与经济效益的双重地位。但应该注意的是,完全照搬国外的经验、观念与做法并非能适合我国的国情,在借鉴、学习的基础上求得创新与发展也许才是我们需要树立的科学观念。

❷ 全面解读汽车改装法规

(1)概述。

①法律法规对改装汽车做出了限制:汽车的型号、发动机型号、车架号不能改,不能破坏车身结构。

②汽车改变颜色,更换发动机、车身或者车架,必须交验汽车;更换发动机、车身或者车架的还要提交机动车安全技术检验合格证明。

③车贴面积不能超过车身总面积的 30%,超过了就必须去相关部门报批。

(2)车的外观不能大幅改动,要求与行驶证上的照片基本保持一致。

①可以对车身颜色、发动机、燃料种类、车架号码等进行改装,但有三种颜色属于特种

车专用颜色,不能使用。红色为消防专用,黄色为工程抢险专用,上白下蓝为国家行政执法专用。而对车身、车架、发动机的变更,要在已经损坏无法修复或者存在质量问题的前提下才能够进行。申请变更时,须同时出具修理厂的证明及更换发动机、车身或者车架的来历凭证。

②更换前保险杠属于改变汽车外形,经过审批后是可行的,但对升高底盘等提升汽车越野性能的改装是不允许的。年检中一旦发现违规改装,必须恢复原状。

③加宽轮胎、进气系统、排气系统等改装是不允许的。根据公安部《机动车登记办法》有关规定,在用汽车轮胎规格、改装进气系统、排气系统都不是国家允许的变更项目。如在用汽车进行上述改装,可能会改变发动机功率,影响到行车安全,对进行非法改装的机动车所有人,将依法处以500~1 000元的罚款,并责令其恢复原状。

(3)内饰装饰方面应尽量遵循以下原则。

①协调:饰品颜色必须和汽车的颜色相协调,不可盲目追求高品位、高价位,以免弄巧成拙。比如浅色车的内部配以深色的座套及红色的地毯等。

②实用:根据车内空间的大小,尽可能地选用一些能充分体现车主个性的小巧、美观、实用的饰物,如茶杯架、香水瓶、储物盒等。

③整洁:车内饰品应做到干净、卫生、摆放有序,给人一种轻松、舒适的感觉。

④安全:车内饰品绝不能有碍驾驶人的安全行车或乘员的安全,如车内顶部吊物不宜过长、过大、过重。后风窗玻璃上的饰物不能影响倒车视线等。

⑤舒适:车内饰品的色彩和质感要符合车主的审美观,香水要清新,不宜太浓等。

(4)《机动车登记规定》中关于汽车外观等变更的有关规定。

第十条 已注册登记的机动车有下列情形之一的,机动车所有人应当向登记地车辆管理所申请变更登记:

(一)改变车身颜色的;(二)更换发动机的;(三)更换车身或者车架的。

第十五条 有下列情形之一的,不予办理变更登记:(一)改变机动车的品牌、型号和发动机型号的,但经国务院机动车产品主管部门许可选装的发动机除外;(二)改变已登记的机动车外形和有关技术数据的,但法律、法规和国家强制性标准另有规定的除外;(三)有本规定第九条第(一)项、第(七)项、第(八)项、第(九)项规定情形的。

第十六条 有下列情形之一,在不影响安全和识别号牌的情况下,机动车所有人不需要办理变更登记:(一)小型、微型载客汽车加装前后防撞装置;(二)货运机动车加装防风罩、水箱、工具箱、备胎架等;(三)增加机动车车内装饰。

第四十七条 有下列情形之一的,由公安机关交通管理部门处警告或者200元以下罚款:

(一)重型、中型载货汽车及其挂车的车身或者车厢后部未按照规定喷涂放大的牌号或者放大的牌号不清晰的;(二)机动车喷涂、粘贴标识或者车身广告,影响安全驾驶的;(三)载货汽车、挂车未按照规定安装侧面及后下部防护装置、粘贴车身反光标识的;(四)机动车未按照规定期限进行安全技术检验的;(五)改变车身颜色、更换发动机、车身或者车架,未按照本规定第十条规定的时限办理变更登记的。

四 评价与反馈

1 自我评价

(1)通过本学习任务的学习你是否已经知道以下问题：

①汽车美容与装潢相关法律法规有哪些类型。

②我国汽车改装相关法规该如何制定。

③解读汽车改装法规主要内容。

(2)能进行汽车美容与装潢法律法规的描述：

①汽车美容与装潢相关法律法规有哪些类型。

②我国汽车改装相关法规该如何制定。

③汽车改装法规应注意什么。

(3)通过本学习任务的学习,你认为自己的知识还有哪些欠缺?

_____

_____

_____

签名:_____ _____年___月___日

2 小组评价

小组评价表见表2-1。

小组评价表 表2-1

序号	评价项目	评价情况
1	着装是否符合要求	
2	是否能合理规范地使用教学设备	
3	是否按要求描述出本学习任务相关内容	
4	是否遵守学习的规章制度	
5	是否能保持学习场所的整洁	
6	团结协作情况	

参与评价的同学签名:_____ _____年___月___日

3 教师评价

_____

_____

教师签名:_____ _____年___月___日

学习任务3 企业营业执照申请

学习目标

⭐ **知识目标**

1. 掌握企业营业执照的作用和内容;
2. 了解企业营业执照申请的材料和条件;
3. 掌握企业营业执照申请的程序。

⭐ **技能目标**

1. 能简述企业营业执照的意义;
2. 能概述企业营业执照申请所需要的材料和条件;
3. 能说出企业营业执照的流程。

建议课时

2课时。

任务描述

在汽车美容装潢店实习满一年后即将毕业,三名同学一起谈论将来的工作打算时,不约而同地选择自己创业,三人回去后,将各自想法和家人沟通,家长也表示支持,于是三人合伙开一家汽车美容装潢店,在做好筹集资金、寻找场地等准备后,现准备申请企业营业执照。

一 知识准备

❶ 营业执照的作用和内容

营业执照是企业法人营业执照的简称,是企业或组织合法经营权的凭证。《营业执照》的登记事项为:名称、地址、负责人、资金数额、经济成分、经营范围、经营方式、从业人数、经营期限等。

❷ 如何办理营业执照

根据企业性质不同,营业执照办理略有区别,这里介绍内资企业(非公司制)的营业执照办理、私营企业的注册登记和个体工商户的申请登记三种情况。

1)内资企业(非公司制)的营业执照办理

(1)企业法人。

①应具的条件:

a. 有符合规定的名称和章程;

b. 有国家授予的企业经营管理的财产或者企业所有的财产,并能够以其财产承担民事责任;

c. 有与生产经营规模相适应的经营管理机构、财务核算机构、劳动组织以及法律或者章程规定必须建立的其他机构;

d. 有必要的并与经营范围相适应的经营场所和设施;

e. 有与生产经营规模和业务相适应的从业人员,其中专职人员不得少于8人;

f. 有健全的财会制度,能够实业独立核算,自负盈亏,独立编制资产负债表;

g. 有符合规定数额并与经营范围相适应的注册资金,企业法人的注册资金不得少于3万元,国家对企业注册资金数额有专项规定的按专项规定执行;

h. 有符合国家法律、法规和政策规定的经营范围;

i. 法律、法规规定的其他文件。

②应提交的文件、证件:

a. 企业主要负责人的身份证明;

b. 组建负责人签署的登记申请书;

c. 主管部门或者审批机关的批准文件;

d. 组织章程;

e. 与经营范围相适应的经营场所和设施使用证明;

f. 有与生产经营规模和业务相适应的从业人员,其中专职不得少于8人;

g. 资金信用证明、验资证明或者资金担保;有健全的财会制度,能够实行独立核算,自负盈亏,独立编制资产负债表;

h. 有符合规定数额并与经营范围相适应的注册资金,企业法人的注册资金不得少于3万元,国家对企业注册资金数额有专项规定的按专项规定执行;

i. 有符合国家法律、法规和政策规定的经营范围;

j. 法律、法规规定的其他文件。

(2)营业单位。

①应具备的条件:

a. 有符合规定的名称;

b. 有固定的场所和设施;

c. 有相应的管理机构和负责人;

d. 有经营活动所需要的资金和从业人员；

e. 有符合规定的经营范围；

f. 有相适应的财务核算制度；不具备企业法人条件的联营企业，还应有联合签署的协议。

②应提交的文件、证件：

a. 登记申请书；

b. 经营资金数额的证明；

c. 负责人的任职文件；

d. 经营场所使用证明；

e. 其他有关文件、证件。

2）私营企业的注册登记

（1）私营企业设立应具备的条件：

①下列人员可以申请开办私营企业：农业村民；城镇待人员；个体工商户经营者；辞职、退职人员；国家法律、法规和政策允许的其他人员。

②与生产经营和服务规模相适应的资金和从业人员。

③固定的经营场所和必要的设施。

④符合国家法律、法规和政策规定的经营范围。

（2）私营企业设立应提交的材料：

①企业负责人签署的书面申请报告。

②申请人的身份证明：城镇待业人员，应持有劳动部门核发的待业证明；辞、退职人员，应持有原单位批准的辞、退职证明；离、退休人员应持有离退休证；停薪留职人员，应持有原单位批准的停薪留职；下岗职工，应持有劳动部门的下岗证；农村村民，应持有当地乡（镇）证明；个体工商户，凭《营业执照》。

③名称呈报表。

④设立登记申请书。

⑤出资权属证明。

⑥合伙企业申请登记时，应提供合伙人的书面协议；合伙协议的内容应当载明《合伙企业法》等规定的事项。

⑦生产经营场地证明（经营场地如属租用房的租借时间要求一年以上）；利用自用私房（非住宅）应递交房产产权证明和产权人给企业使用的证明；利用自用公房应递交房管部门的住改非证明；租用经营房的应递交房屋租赁协议及出租方产权证明。

⑧经营范围须前置审批的项目，必须提交有关部门批准文件或证件。

3）个体工商户的申请登记

（1）应具备的条件：

①有经营能力的城镇待业人员、农村村民以及国家政策允许的其他人员，可以申请从事个体工商业经营。

②申请人必须具备与经营项目相应的资金、经营场地、经营能力及业务技术。

（2）应提交的材料：

①申请人提交书面申请报告。

②申请人身份证明：城镇待业青年和其他无业人员，应持有劳动部门核发的待业证明；退、离休人员应持退、离休证，提前退休凭单位退休证明；辞退职（包括留职停薪）人员，应持有原单位批准的证明；下岗职工，应持有劳动部门的下岗证；农村村民，应持有当地乡（村）证明。

③个体工商户开业登记申请表。

④经营场地证明：利用自有私房（非住宅）应递交房产产权证明，产权人把此房作为经营用房的证明；利用自用公房应递交房管部门的住改非证明；经营场地租用的，应递交房屋租赁协议和房屋产权证明；经营场地在路边弄口，应递交交通、市容或城建部门的占用道路许可证或批准件。

⑤申请从事国家有关专项规定的行业或品种的生产经营，应提交许可证或有关部门的审批文件。

⑥聘用从业人员的，应提交与从业人员签订的劳动合同及从业人员的身份证明。

⑦登记机关认为应提交的其他证明文件。

二 任务实施

❶ 营业执照办理流程

营业执照办理的主要流程如下：企业名称预核准（工商局/市场监督管理局）→验资（会计师事务所）→办理相应的前置审批手续→申请营业执照（工商局）→税务登记证（国税局）→法人代码证→开户银行许可证（验资户转为基本户）。

❷ 具体操作

第一，选择公司的形式：普通的有限责任公司，最低注册资金3万元，需要两个或两个以上的股东2006年1月起新的公司法规定，允许1个股东注册有限责任公司，最低注册资本10万元。

第二，注册公司步骤：

（1）核名：到工商局领取"企业（字号）名称预先核准申请表"填写自己准备的公司名称，经核查没有重名，就可使用这个名称，工商局会发一张"企业（字号）名称预先核准通知书"。

（2）租房：租房后签订租房合同，并让房东提供房产证复印件。

（3）编写"公司章程"：可以到工商网下载"公司章程"样本，修改一下。章程最后由所有股东（合伙人）签字。

（4）刻私章：刻法人私章（方形的）。

（5）到会计事务所领取"银行询证函"：联系一家会计事务所，领取一张"银行询证函"（必须是原件，会计事务所盖章）。

（6）银行开立公司验资户：所有股东带自己入股的钱到银行，带上公司章程、工商局核发的核名通知、法人代表的私章、身份证、用于验资的钱、空白询证函表格，到银行开立公司账户,告诉银行是开立验资户。开立好后,存钱。完了银行会发给每个股东缴款单、并在询证函上盖银行的章。(如果用实物、房产等作为出资的,需要到会计事务所鉴定其价值后再以其实际价值出资,比较麻烦,因此建议直接拿现金出资)。

(7)办理验资报告:拿银行出具的股东缴款单、银行盖章后的询证函,以及公司章程、核名通知、房子合同、房产证复印件,到会计事务所办理验资报告。

(8)注册公司:到工商局领取公司设立登记的各种表格,包括设立登记申请表、股东(发起人)名单、董事经理监理情况、法人代表登记表、制定代表或委托代理人登记表。填好后,连同核名通知、公司章程、房屋合同、房产证复印件、验资报告一起交给工商局。

(9)刻章:到公安局指定刻章社,刻公章、财务章。

(10)办理企业组织机构代码证:凭营业执照到技术监督局办理组织机构代码证。办这个证时间稍长,技术监督局会首发一个预先受理代码证明文件,凭这个文件就可以办理后面的税务登记证、银行基本户开户手续了。

(11)银行开基本户:凭营业执照、组织机构代码证,去银行开立基本账户。(开基本户需要填很多表,最好把该带的东西全部带上,要不然多跑很多趟,包括营业执照正、副本原件、身份证、组织机构代码证、公章)财务章、法人章。

(12)办理税务登记:领取执照后,30日内到当地税务局申请税务登记证。办理税务登记时,必须要一个会计,因为税务局要求提交的资料其中有一项是会计资料证和身份证。

(13)申请领购发票:注意每个月按时向税务局申报税,即使没有开展业务也要缴税,也要零申报,否则会被罚款。

注:企业的税额分为增值税和企业所得税。

增值税是以商品(含应税劳务)在流转过程中产生的增值额作为计税依据而征收的一种流转税。

企业所得税是对我国内资企业和经营单位的生产经营所得和其他所得征收的一种税。企业应纳所得税额 = 当期应纳税所得额 × 适用税率。企业所得税条例规定,企业应纳税所得额的确定,是企业的收入总额减去成本、费用、损失以及准予扣除项目的金额。

增值税有增值才征税,没增值不征税。企业所得税是对利润征税,所以赚了才征收企业所得税。

3 营业执照办理流程图(图3-1)

三 学习拓展

(一)外商投资企业营业执照申请办理

1 外商投资企业名称登记

外商投资企业名称登记,外商投资企业在项目建议书和可行性研究报告(或项目审批表)批准后,合同、章程签字之前,应向工商行政管理机关申请名称登记。申请名称登记,应提交下列文件、证件:

（1）组建负责人签署、组建单位盖章的《外商投资企业名称申请表》（由工商管理机关制发）。

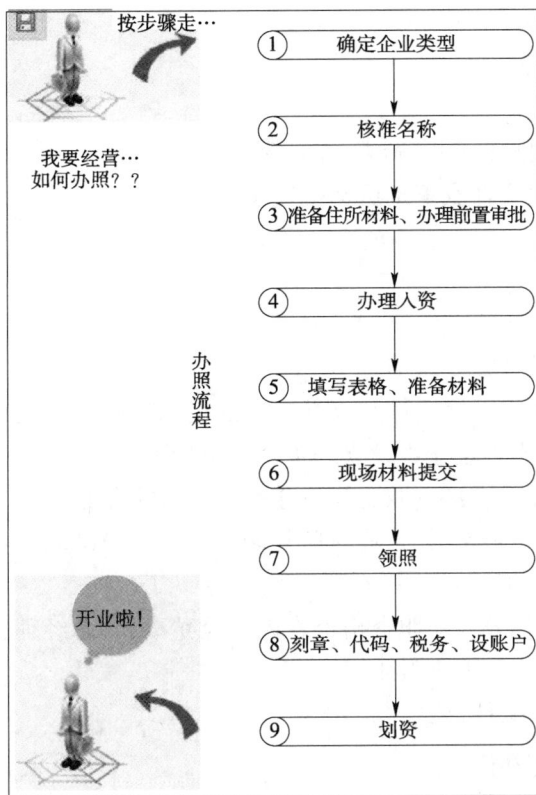

图 3-1 营业执照办理流程图

（2）项目建议书及其批准文件或可行性研究报告及其批准文件（包括中外合资、中外合作项目审批表或设立外资企业申请书）。

（3）投资各方所在国（地区）政府出具的合法开业证明及银行资信证明。

外商投资企业的名称，应由以下部分构成：行政区划、字号（商号）、所属行业或经营特点、组织形式。名称核准后，工商行政管理机关核发外商投资企业名称登记核准通知书。企业据此签订合同、章程、办理审批手续。

❷ 外商投资企业开业登记

1）应具备的条件

（1）有符合规定的条件。

（2）有审批机关批准的合同、章程。

（3）有固定经营场所、必要的设施和从业人员。

（4）有符合国家规定的注册资本。

（5）有符合国家法律、法规和政策规定的经营范围。

（6）有健全的财产制度，能实行独立核算，自负盈亏，独立编制资金平衡表或资产负债表。

2）应提交下列文件、证件

（1）外商投资企业申请登记表。

（2）名称登记核准通知书。

（3）企业名称登记表。

（4）名称申请表。

（5）外商投资企业批准证书（副本1）原件。

（6）合同、章程上报文件及审批机构批复文件。

（7）合同及其附件。

（8）授权委托书。

（9）章程。

（10）董事会名单及各方委派书。

（11）可行性研究报告上报文件及审批机构批复（或项目审批表）。

（12）意向书（外商投资企业为设立外资企业申请书）。

（13）公安、消防、环保、卫生、城建等前置审批部门的意见。

（14）中、外方合法开业证明（营业执照复印件或个人身份证明）。

（15）中、外方出资（资信）证明。

（16）董事长（法定代表人任职资格审查表）、副董事长、总经理、副总经理简历表。

（17）办公、生产经营场所使用证明。

（18）其他需提交的文件、证件。

（二）营业执照办理费用

❶ 个体工商户注册登记收费标准

（1）登记费收费标准。个体工商户开业登记费为每户20元；发放营业执照，不另收费。

（2）营业执照副本收费标准。个体工商户自愿领取营业执照副本的，每个收取成本费3元。

❷ 内资企业登记费（含私营企业）企业

（1）企业注册登记费（公司、非公司企业法人）注册资本1 000万元（含1 000万元）以下按0.8‰收取，1 000万元以上，其超过部分按0.4‰收取，超过1亿元的，其超过部分不再收取。

（2）不具备法人条件的企业注册登记费（个人独资企业、合伙企业）、分支机构注册登记费300元。

（3）筹建企业注册登记费50元。

（4）企业变更登记费（公司及分公司、非公司企业法人及分支机构、非企业法人及分支机构）100元。

（5）"三改"企业变更登记费50元。备注：企业三改后注册资金总量不超过原企业（两个或两个以上）注册资金之和的，不得收取注册登记费；超过部分按规定标准收取国家计委计价费〔1998〕1077 号。

（6）公司、非公司企业法人增加注册资金登记费增加部分与企业原注册资金之和未超过 1 000 万元，增加部分按 0.8‰收取，超过 1 000 万元的，其超过部分按 0.4‰收取。超过 1 亿元的，其超过部分不再收取注册登记费。企业国家物价局、财政部文件（〔1992〕价费发 414 号）国家发展计划委员会、财政部特级计价格〔1999〕1707 号、价费发〔1999〕368 号。

（7）补证换照费 50 元。

（8）领取执照副本费 10 元。

（9）企业年度检验费 50 元（本年度内已办理变更登记的不再收取）。

❸ 外商投资企业注册登记收费标准

（1）外资投资企业（含港澳台企业）开业登记费注册资本 1000 万元以下：0.8‰；1000 万元以上、1 亿元以下的部分：0.4‰；超过 1 亿元的，其超过部分不再收取注册登记费。

（2）外国企业来华承包工程开业登记费以承包合同额计算，计算标准同上。

（3）外国银行来华设立分行按外商投资企业开业登记收费标准执行。

（4）外国企业来华承包经营管理注册登记按管理年限累计的管理费的 5‰收取。

（5）外国企业来华合作开发海洋石油注册登记费属勘探、开发期收取 2000 元，进入生产期的按外商投资企业注册的登记费标准执行。

（6）外商投资企业的分支机构和办事机构开业登记费 300 元。

（7）外国企业在华设立常驻代表机构注册注册登记费 600 元；延期注册登记费 300 元。

（8）外商投资企业预先申请其名称注册登记费 100 元。

四　评价与反馈

❶ 自我评价

（1）通过本学习任务的学习你是否已经知道以下问题：

①企业营业执照申请的条件有哪些？

②企业营业执照材料有哪些？

③企业营业执照申请的流程如何？

（2）能进行以下描述：

①企业营业执照申请的条件有哪些？

②企业营业执照材料有哪些？

③企业营业执照申请的流程如何？

（3）通过本学习任务的学习，你认为自己的知识还有哪些欠缺？

_____

_____

签名：_____　　_____年____月____日

❷ 小组评价

小组评价表见表 3-1。

小组评价表　　　　　　　　　　　　　　　　　　　　表 3-1

序号	评价项目	评价情况
1	着装是否符合要求	
2	是否遵守学习的规章制度	
3	是否按要求描述出本学习任务相关内容	
4	是否能保持学习场所的整洁	
5	团结协作情况	

参与评价的同学签名：＿＿＿＿＿＿＿＿＿＿　　＿＿＿年＿＿月＿＿日

3 教师评价

_____

_____

_____

教师签名：＿＿＿＿＿＿＿＿＿　　＿＿＿＿年＿＿月＿＿日

学习任务4 企业环境与设计布局

学习目标

⭐ 知识目标

1. 掌握企业环境的概念；
2. 掌握企业环境的组成及含义；
3. 掌握企业选址的基本原则；
4. 掌握企业设计布局的基本原则。

⭐ 技能目标

1. 能简述企业环境的概念；
2. 能简述企业环境的组成及意义；
3. 能根据企业选址的基本原则提出开店选址建议；
4. 能根据企业设计布局的基本原则提出开店布局建议。

建议课时

4 课时。

任务描述

经过前期准备努力,三人合伙开店的想法进入实施阶段,现寻找合适的汽车美容装潢店的地址,对进行汽车美容与装潢店的进行整体规划。

一　知识准备

1 企业环境的基本概念

任何一个企业和社会组织都是存在于环境之中的。企业环境可分成微观环境和宏观环境。微观环境包括那些直接影响企业履行其使命状况的行动者、供应商、各种市场中间商、顾客、竞争对手等。宏观环境包括那些影响企业微观环境中所有行动者的较广泛的社会力量或因素,包括人口的、经济的、技术的、政治的、法律的以及社会文化方面的力量和因素。

2 企业环境的宏观组成

企业宏观环境(macro-environment)是指来自企业外部会给企业造成市场机会或环境威胁的主要社会力量。微观环境中的所有因素都要受宏观环境的影响或支配。宏观环境因素直接或以微观环境因素为媒介而对企业经营战略施加影响。

(1)人口环境:人口环境主要有人口规模、地理分布、年龄分布、迁移等因素。

(2)经济环境:企业的经济环境包括:第一,宏观经济形势,如国民经济发展水平及其发展趋势,政府财政、金融情况;第二,本行业在整个经济体系中的地位和行业特点;第三,企业的直接经济环境,包括人均实际收入、平均消费取向、消费支出分配模式。

(3)自然环境:一个国家的自然资源与生态环境,包括生产的布局、人的生存环境、自然资源、生态平衡等方面的变化,也会给企业造成一些环境威胁和机会,因而也是企业经营战略制定所必须重视的问题。

(4)技术环境:世界上最近几十年中,科学技术发展很快,使产品结构发生了巨大的变化,整个世界处在新的产业革命时期。技术环境分成:基础通用技术,这些技术对各个行业都有关系和影响;相关技术,是指介于基础技术和本行业技术之间的技术;本行业技术,即形成企业产品的重要技术。

(5)政治和法律环境:指那些强制或影响社会上各种组织和个人的法律、政府机构和利益集团。

(6)社会文化环境:社会文化环境是指社会结构、社会风俗、习惯、信仰、价值观念、行为规范、生活方式、文化传统等。

(7)产业环境:产业环境决定了企业参与竞争的领域特征,产业的发展在一定程度上制约着企业的发展。它分为产业的特征、产业的寿命周期、产业的发展状况和产业的竞争结构。

❸ 企业环境的构成

企业环境由自然地理环境、经济环境、科技环境、政治法律环境、社会文化环境等构成。

（1）自然地理环境：主要指一个国家或一个区域的自然环境、地理条件、气候条件等。

（2）经济环境：

第一，市场环境：构成企业的经济环境的因素很多，在市场经济条件下，企业的经济环境主要是市场环境。

第二，宏观经济环境：企业所在国家或地区的宏观经济环境从总体上影响企业经营和发展，这些因素主要有经济增长及其周期性、通货膨胀与就业、资本市场与外币市场、外汇管制等。

第三，税收环境：税收是国家按所制定的法律向经济单位和个人征收实物或货币。目前我国实行的是货币税额。税收是国家财政收入的主要形式，对企业来说，依法纳税是应尽的义务，纳税支出构成企业生产经营活动开支的重要组成部分。因此，税收环境既是企业的经济环境也是企业必须重视的法律环境。

（3）科技环境：科技环境主要是指一个企业所在国家或地区的科学技术发展水平、科技政策、新产品的开发能力以及科技发展的新动向等。科学技术的影响主要体现在新产品、新机器、新工具、新材料和新服务上。来自技术的益处就是取得更高的生产率，更高的生活水准，更多的休闲时间和更加多样化的产品。在任何一个社会或企业，对于决定生产何种产品或提供何种服务，采用何种设备以及如何管理生产等，科技水平是一个重要因素。

（4）政治法律环境：主要指国家政治制度、社会制度和法律制度，国家的路线、方针、政策等；一个国家的政治和法律直接影响到企业的管理政策，它的稳定性也直接影响到企业长期计划的制订。政治与法律环境属于上层建筑领域，它们相辅相成，互为因果关系。政治与法律由当权的政府构造，企业必须在既定的法律构架下从事生产和经营。

因此，企业管理人员要熟悉适用于本企业经营活动在法律上的必要条件和限制因素，有见识的企业家通常聘请法律和政治方面的专家当自己的顾问，请他们帮助预见和处理政治问题，预见和对付可能获得通过的法律问题，以减少自己决策的失误。

（5）社会环境：社会环境主要指一个国家的人口数量、年龄结构、职业结构、民族构成和特性、生活习惯、道德风尚、历史传统、文化传统等；一个社会的价值观念、风俗习惯、社会成员接受教育的程度等因素也会影响到企业生产和经营。社会是人群生活所组成的各种组织体积行为规范与态度的集合。在社会这个大家庭中，企业只是其中的一个成员，比较重要的社会组织还有：家庭、学术团体、公益团体、体育团体等，在资本主义社会，一些国家同乡会、职业工会、劳动工会、宗亲、宗教团体也比较发达。企业与这些组织同处共生，不得不注意相互间的影响。

（6）文化教育环境：主要指人们受教育水平和文化素质以及人们受教育的各种场所的规模、结构等；文化是人类社会所拥有的知识、信仰、道德、习惯和其他才能与偏好的综合体。

从总体上看,文化环境的变化是缓慢的,但就一段时间比较,其变化还是明显的,尤其是物质文化的改变。文化的不断演进对社会中每一个组织而言都是一项重要的影响因素。

❹ 企业环境的特征

(1)企业环境的可变性:是指企业环境因素是不断变化的,有渐变也有突变。如自然地理环境变化较慢,而经济环境,特别是市场变化却是很快的。

企业环境可以变化的特性,既可带来企业的经营困难,也可给企业带来发展机会,关键在于企业是否善于把握。

(2)企业环境的复杂性:是指企业环境因素是由多方面组成的。这些因素可能单独影响企业,也可能由多个因素对企业产生综合影响。

(3)企业环境的交互性:是指构成企业环境的各种因素是相互依存、相互制约的,无论哪一个因素发生变化,都会直接或间接的引起其他因素的变化。

❺ 企业设计布局

(1)厂址选取的原则。

除了考虑到基本的地段、场所以外,根据企业的规模、经营项目和服务对象特点进行选择。

第一,厂址选取与市场需求相适应。厂址选取、与经营企业的规模、经营项目和服务对象相适应,这样才能取得最佳的经济效益。要充分做好市场调研、全面掌握本企业服务区域的需求。

第二,厂址选取与本企业相关联企业关系。厂址选择,应考虑到与本企业同质服务或类似关系紧密企业、有竞争企业等因素;一方面便于企业的业务开展和业务便利性,另一方面考虑到企业的生存和将来发展关系。

第三,厂址选取与周边服务的关系。为做好厂址的选取,对厂址周边服务应加强了解和调研,充分考虑到周边的生活、居住、产业、工业和配套的服务程度和设施等。

第四,厂址选取与长远发展之间的关系。根据业务对象和市场需求,对厂址选取还应考虑到周边场地、环境等,如果企业再扩大的发展空间和可行性,为企业在长远发展留有一定空间。

(2)企业功能区域。

根据企业经营的内容、服务范围等具体情况,进行企业的整体布局设计。

企业功能区域主要可以有:业务接待、顾客休息、操作车间(包括准备区、操作区、检验区、竣工区等)、配件及库房、办公区域、停车区、辅助区域及其他区域等。

(3)企业功能区域规划的原则。

①整体性原则:在进行企业功能区域规划时,首先要有整体合理科学规划原则,根据工作需求,便于企业经营和生产。

②安全性原则:在进行企业功能区域规划时,对安全性要求较高的、动力源等区域必

须重点关注,注意消防防火安全距离、环境卫生要求等。同时,对有车辆行驶等区域,预留足够的安全会车、行驶距离等。

③实用性原则:企业功能区的规划,考虑到生产工艺流程、节约用地,充分利用现有条件,合理实用,特别是要考虑到管线铺设、通风、采光、卫生、利于生产管理等方面。

④经济性原则:企业的功能区划分,在最大限度上要提倡节约成本,控制成本经济,最大化利用空间区域,提高单位空间的性价比和空间利用率,兼顾企业建设成本和实际运行成本,以达到最经济实惠的效果。

⑤独立性原则:企业的功能区划分,在整体性规划基础上,应将企业自己的非营业性工作区、生活区等与生产经营区域相对独立,以免相互影响;同时,对某些需要独立设置的区域进行独立布置。

⑥美观性原则:企业功能区的规划,为创造更好的工作环境和场所,提高企业的文化和美化效果,在实现功能区域划分时,企业整体的美观性也是必不可少的因素。

二 任务实施

1 汽车美容与装潢店选址

结合汽车美容与装潢店的业务内容特点,汽车美容与装潢店的选址,大城市一般在环城中心的中央地带最为理想,外环地带较差,市中心区最差;而中小城市市中心区最佳,环城市中心的中央地带较差,外环地带最差。综合各因素考虑,建议较适宜开设汽车美容与装潢店的地点:

(1)汽车销售、维修、办证等聚集点(城、街)或车管所、运管处或周边。

(2)汽车附近客源多,人流量大且适合休闲、住宿、消费、办公等地,如宾馆、酒店、茶楼、商务办公区域等。

(3)人口生活住宅区,特别是高档小区、停车场、加油站附近等地。

(4)周围道路宽敞、车流量大、车辆进出与停车方便,但不能太靠近红绿灯等。

(5)同行业或近同行业店铺较多,且市场较好的地段。

(6)场地周边环境较好,配套设施完善,企业生产、运营条件好,最好能有做广告宣传的地方或优势地段等。

2 汽车美容与装潢店设计布局

结合汽车美容与装潢店的经营和工作实际,在进行汽车美容与装潢店设计布局时,根据企业的经营规模和目标,重点要实现以下功能,汽车美容与装潢业务接待区、精品展示和选购区、生产操作区、办公区、配件库房、辅助区域等。

1)业务接待区

业务接待区主要是接待客户和客户休息的地方。业务接待区应该给客户以舒适、放心的感觉。进行汽车美容与装潢项目的很多车主,特别是车辆价格昂贵的车主,更想看到自己的车辆如何进行操作,为了满足这类客户的要求,可在接待室设计时,增加"阳光操作"这一功能区域。

2）精品展示和选购区

精品展示和选购区主要是对经营产品进行展示，便于客户了解、查看、选择和购买，也可以将精品展示和选购区与休息区统筹考虑。

3）生产操作区

生产操作区是汽车美容与装潢店的主要设施，汽车美容与装潢工作在此完成，要考虑到汽车美容与装潢经营的实际情况，要统筹考虑好各项目操作和要求、场地布置、各项目操作流程的联系；还应考虑到整体的压缩空气及管路、电源、进水与排水布置、地面、通风、采光、车辆行驶、环保等因素。此外，根据汽车美容与装潢经营项目，合理设置汽车喷漆烤房、前处理准备区域、油漆等危险品仓库等。

4）办公区

办公区是汽车美容与装潢企业经营日常管理及财务人员的工作场所，应根据一般办公场所需要进行布置，要考虑到办公人员的岗位职责、办公设备、与经营业务有关的进出口方便等，同时要注意相关保密和独立。

5）配件库房

配件库房是存放生产经营项目相关的原料、备件、配件的场所。在布局时，应考虑到库房的面积大小、仓储容积、保证进出货物方便、进出口及道路顺畅、使用便捷、通风、防盗安全等；注意特殊物品、危化品的存储和保管，单独设置、隔离存放、标识明显。

6）辅助区

辅助区是根据企业经营的规模大小，为更好地完成经营项目和生产而设置的场所。在布局的时候，应考虑企业厂牌标识、企业名称、厂区道路及标识、更衣室、卫生间、废料存放处理区等布局。同时，根据企业规模，合理布局食堂、餐厅、休息室等场所。

三 学习拓展

汽车美容装潢店装修时要注意的问题：

（1）明确经营规模和项目，明确经营规模和项目是做好整体规划的基础，是进行框架性布局设计的主要依据；同时要先期确定好主要经营项目和合作品牌，不同的品牌有不同的装修要求和整体布局。

（2）确定整体装修风格，装修前可以根据实际，请专业的建筑设计效果公司进行前期店铺效果设计，并进行成本预算等；同时，在装修时应满足定位客户人群的要求和时尚需要，以达到提高经营效益的效果。

（3）水、电等基础设施安装安全可靠，如供水：汽车美容装潢店对供水的水质要求不高，但要求有足够的水压和供水量；排水：店内边线应挖有排水沟，以保证店内不积污水。以及水源、水龙头的安装、操作方便、洗衣机等专用水源，同时毛巾，浴巾之类的擦抹布具，店内应配有洗衣机，以保证此类工具的清洁和及时循环使用。

供电及布线：

①保证足够照明：一般汽车美容装潢店车间都使用荧光灯，有时会遇到夜间作业或采光效果较差的场所因此照明问题在装修时应考虑光线的充足。

②供电插座:供电插座一定要使用质量较好的防水型插座,因为清洗过程中水花四溅,这是基本的安全问题。一般来说,插座的高度离地面在30~50cm。

③供电量:总开关的负载量应考虑照明、抛光机、清洗机等其他电器同时作业的功率。如果有烤漆房等设施,应将烤漆房的用电量也考虑进去。

四 评价与反馈

1 自我评价

(1)通过本学习任务的学习你是否已经知道以下问题:

①企业环境的概念。

②企业环境的组成。

③企业选址的基本原则。

④ 企业布局的主要内容。

(2)能进行汽车美容与装潢的描述:

①店面选址的建议有哪些?

②店面布局的建议有哪些?

(3)通过本学习任务的学习,你认为自己的知识还有哪些欠缺?

_____

_____

签名:_____　　_____年___月___日

2 小组评价

小组评价表见表4-1。

小 组 评 价 表　　　　表4-1

序号	评价项目	评价情况
1	着装是否符合要求	
2	是否能合理规范地使用教学设备	
3	是否按要求描述出本学习任务相关内容	
4	是否遵守学习的规章制度	
5	是否能保持学习场所的整洁	
6	团结协作情况	

参与评价的同学签名:_____　　_____年___月___日

3 教师评价

_____

_____

教师签名:_____　　_____年___月___日

项目二　汽车美容与装潢企业日常管理

学习任务5　服务接待

学习目标

⭐ **知识目标**

1. 了解汽车美容与装潢接待员的作用与素质要求；
2. 了解汽车美容与装潢接待员的工作职责；
3. 了解汽车美容与装潢接待流程和接待内容；
4. 了解汽车美容与装潢估价的内容；
5. 了解客户档案的内容和投诉处理的方法。

⭐ **技能目标**

1. 能熟练掌握汽车美容与装潢接待的服务礼仪；
2. 会签订汽车美容与装潢合同，能建立客户档案；
3. 会运用客户投诉处理的技巧正确处理客户投诉。

建议课时

4 课时。

任务描述

小张经营汽车美容装潢店半年后，深刻地认识到，汽车美容装潢服务的对象是汽车与客户。汽车美容装潢服务不仅要求有面向汽车的服务技术、美容装潢质量，还要求有面向客户的良好服务态度、服务技巧等。汽车美容装潢企业为满足客户需求，树立企业形象，提高企业的竞争力,一般都在企业内设置汽车美容装潢业务接待岗位。

一 知识准备

课题一 汽车美容与装潢业务接待员的作用和素质要求

(一)业务接待员作用

目前,业务接待已逐步成为汽车美容与装潢企业经营管理中的一个重要岗位。业务接待的好坏已成为衡量汽车美容与装潢企业好坏的一个重要标准。汽车美容与装潢业务接待员的作用主要表现在以下几个方面。

❶ 业务接待员代表企业的形象

业务接待员是汽车美容与装潢企业的"窗口",代表着企业的形象。汽车美容与装潢企业的特征主要是由企业精神、企业效率、企业信誉及经营环境等组成。良好的企业形象会在公众中产生深刻的认同感和信任感,进而转化为巨大的经济效益。业务接待员在客户中的形象就是企业特征的直接反映,其言谈举止、待人接物、服务水平等直接关系到企业形象的好坏。

❷ 业务接待员是企业与车主之间的桥梁

业务接待员在不同地方称谓不同,有叫接待专员、美容装潢服务顾问、诊断顾问等,这个角色之所以重要缘于业务接待员是客户进店碰到的第一人,如果服务好、客户信赖度高,也可能是客户在美容与装潢店里唯一接触的人,由于客户的时间有限、专业知识不足,所以一般会将车交给业务接待员后就在休息室等待,因此,从理论上讲,来店装潢美容的客户是由接待员从头到尾完成接待工作的。

在美容装潢过程中,业务接待员需掌握汽车美容与装潢企业的工作流程及工作进度,其目的是为确认客户车辆的具体进度,了解能否在预先估计的时间内顺利完成,或者是提早告知客户车辆具体的进展状况,使车主能有心理准备。业务接待员还必须站在客户的立场,为客户检查爱车,使客户从进店到交车能接受完整的服务,以达成客户满意,从而提高客户满意度。

❸ 业务接待员能影响企业的收益

业务接待员对车辆在美容装潢前进行估价,在美容装潢过程中对所发生的费用进行统计核实,并向客户解释相关费用的收取标准,听取客户的意见并向上级反映,在双方完全认同的条件下收取相关费用。其美容装潢估价的合理性,收费结算过程的流畅性,发生费用结算纠纷处理的灵活性,都直接影响企业的收益。

另外,在客户的信任下,随着业务接待员专业能力不断加强,其所起的作用就是如何建议客户做最好的美容装潢项目。因此,业务接待员的专业性为客户所依赖,同时只要说服力强,就可以对客户作最合适的建议,这既是美容与装潢企业重要的业绩来源,又有助于企业业绩的稳定提升。

4 业务接待员是企业技术管理水平的集中体现

业务接待员在接车、估价等过程中所表现出的解决问题和处理问题的能力，直接体现了企业技术水平的高低。其从接车到交车的全过程中有关工作的条理性、周密性和灵活性直接体现企业服务和管理水平的高低。

（二）业务接待员素质要求

根据许多汽车美容与装潢企业的现状和汽车美容与装潢行业发展水平来看，一名合格的汽车美容与装潢业务接待员必须具备的素质包括职业道德、专业素质、综合素质和个人修养四方面。

1 具备良好的职业道德

汽车美容与装潢业务接待员职业道德是指业务接待员进行美容装潢业务接待工作过程中必须遵守的道德规范和行为准则。其一般可归纳为：真诚待客、服务周到、收费合理、保证质量。遵守职业道德规范，是职业生涯获得成功的重要保证。

1）真诚待客

听和记录客户的述说，耐心回答客户提出的问题，理解客户的要求，最大限度地满足客户，客户提出汽车美容与装潢需求，归纳起来有两个要求：

（1）对物质的要求，希望能得到满意的商品。

（2）对精神的要求，希望能得到热情的接待。

2）服务周到

服务周到是指在美容装潢前、美容装潢中和美容装潢后的全过程中向客户提供全方位的优质服务。

美容装潢前：应该认真倾听客户对车辆美容装潢要求；对美容装潢内容、估算费用和竣工时间进行详细说明，并得到客户认同。

美容装潢中：要及时与车间沟通，确保项目合理；随时了解美容装潢进度，督促美容装潢车间按时完工，如不能按时完工，要及早通知客户，说明原因。

美容装潢后：建立汽车美容装潢技术档案，及时回访。回访客户时要诚恳，对客户提出的所有问题要认真调查；对一些疑问要耐心解释，必要时要勇于承担责任，不推诿和敷衍，对客户的建议要表示感谢；处理好质量投诉。

3）收费合理

汽车美容与装潢企业要严格按照相关行政管理部门制定的、备案的，或者企业公布的汽车美容装潢工时定额和收费标准核定企业的美容装潢价格。不乱报工时，不高估冒算，不采取不正当的经营手段招揽业务。收费合理，还体现在严格按照施工单上登记的项目内容进行收费，不能为了达到多收费的目的擅自改变操作范围和内容，更不能偷工减料，以次充好。

4）保证质量

保证质量主要是指保证汽车美容装潢质量。汽车美容装潢过程中各道工序要严格按照技术要求和操作规程进行；使用的原材料及零配件的规格、性能符合规定标准；按规定程序严格进行检验与测试;汽车美容装潢质量好,客户满意度就高,保证质量是实现客户利益的重中之重,也是企业继续在市场竞争中取得优势的保证。

❷ 具备良好的专业素质

(1)具备熟练的专业技能。熟练的专业技能是业务接待员的必修课。每个业务接待员都需要学习多方面的专业技能,包括汽车驾驶、汽车美容装潢业务接待等方面的技能,并经行业主管部门培训、考核,达到汽车美容与装潢业务接待员上岗要求。

(2)具备丰富的行业知识及经验。丰富的行业知识及经验是解决客户问题的必备武器。不管做那个行业都需要具备专业知识和经验。不仅能跟客户沟通,而且要成为产品的专家,能够解释客户提出的问题。

❸ 具备良好的综合素质

(1)思维敏捷,具备对客户心理活动的洞察力,这是做好业务接待工作的关键所在。

(2)具备良好的语言表达能力,这是实现客户沟通的必要技能。

(3)具备优雅的形体语言表达技巧。优雅的形体语言,能体现出业务接待员的专业素质。优雅的形体语言的表达技巧指的是气质,内在的气质会通过外在形象表露出来。举手投足、说话方式、笑容,都能说明业务接待员是否足够专业。

(4)具备良好的倾听能力,这是与客户良好沟通的必要保障。与客户交谈时应"说三分,听七分",学会倾听,善于倾听,应借助目光、体态与客户产生互动。只有互动式的倾听才能真正实现与客户的有效沟通。

(5)具备专业的客户服务电话接听技巧,这是业务接待员的另一项重要技能,必须掌握怎么接客户服务电话,怎么提问。

(6)具备良好的人际关系沟通能力,与客户之间的交流会变得更顺畅。

❹ 具备良好的个人修养

1)忍耐与宽容

忍耐与宽容既是两种美德,也是面对无理客户的法宝。面对客户要包容和理解。良好的服务就是让客户满意。真正的客户服务是根据客户的喜好提供满意的服务,不同客户的性格、人生观、价值观不同,要根据不同客户需求和喜好提供服务。在工作中要像对待朋友那样对待客户,要有很强的包容心,包容客户的一切,树立"客户就是上帝"这一现代服务理念。

2)谦虚

拥有一颗谦虚之心是人类的美德。一个业务接待员拥有较强的专业知识,靠专业知识和技能提供服务,面对相对外行的客户极易产生自满,在客户面前炫耀自己的专业知识揭客户的短处是不礼貌的举止,更无法提供让客户满意的服务,这是客户服务的大忌。

3)不轻易承诺

对于业务接待员,通常很多企业都要求不轻易承诺,说到就要做到。因此,客户服务人员不要轻易地承诺、随便答应客户,这样极易使工作陷于被动。业务接待员必须注重自己的承诺,一旦答应客户,就应竭力做到。

4）勇于担当

业务接待员需经常承担各种各样的责任。工作中出现问题和失误的时候，同事之间不应相互推卸责任，而要勇于承担责任，积极主动地解决问题，以消除客户的不满和抱怨。

5）有博爱之心

拥有博爱之心，真诚地对待每一个人。这个博爱之心是指"人人为我，我为人人"的那种思想境界，热爱客户就像热爱自己一样。

6）有集体荣誉感

客户服务强调的是一个团队精神，企业的客户服务人员，需要互相帮助，必须要有团队精神。业务接待员所做的一切，不是为表现自己，而是为了能把整个企业客户服务工作做好。

5 受客户欢迎的业务接待员和不受客户欢迎的业务接待员

据调查，客户一般喜欢跟以下几类业务接待员打交道：

(1) 说话随和，态度诚恳，有亲近感的人。

(2) 真诚守信，办事效率高的人。

(3) 着装整洁，举止从容的人。

(4) 百问不厌，有耐心，从不与客户要态度的人。

(5) 设身处地为客户着想的人。

(6) 办事认真，责任心强的人。

(7) 办事公道，不谋私利的人。

(8) 实事求是，不说大话、空话的人。

(9) 虚心求教，认真改进的人。

(10) 严肃不刻板，应变能力强的人。

客户通常不喜欢与以下几种类型的业务接待员打交道：

(1) 态度生硬，办事拖拉的人。

(2) 说大话、空话、乱承诺的人。

(3) 着装不整洁，不注重仪表的人。

(4) 办事死板，效率低下，不善于沟通，没有亲和力的人。

(5) 不拘小节（工作中哼小调，嚼口香糖，坐在桌上打电话，说话东张西望等）言语粗鲁的人。

(6) 自以为是，强行狡辩的人。

(7) 浓妆艳抹，奇装异服，过分追求装饰的人。

(8) 举止轻浮的人。

课题二 汽车美容与装潢业务接待员的工作职责

提出汽车美容与装潢业务接待员必须具备的工作岗位职责，以期提高汽车美容与装潢行业的整体服务水平。

(一)汽车美容与装潢业务接待员职责

汽车美容与装潢业务接待员的工作职责见表5-1。

汽车美容与装潢业务接待员工作职责   表 5-1

保洁	保持接待区整齐、清洁
业务接待	(1)负责汽车美容装潢业务接待工作; (2)负责对车辆进行初步诊断、估算美容装潢费用、签订美容装潢合同; (3)负责跟踪检查美容装潢过程、美容装潢进度和美容装潢质量; (4)协助质量检验员对车辆进行竣工检查验收和车辆移交工作、协助办理美容装潢费用结算手续; (5)负责客户的跟踪服务,建立和管理客户档案,接待及协助处理客户投诉
业务提高	不断学习新知识、新政策,努力提高自身素质和业务水平

(二)汽车美容与装潢业务接待员职业准则

业务接待员在业务接待过程中的基本要求是:文明、礼貌、热情、周到。在职业活动中必须遵守如下准则:以客户为中心,准点准时,言而有信;以同事为客户,理解第一,忍让为先,微笑服务。

❶ 以客户为中心

由于业务接待员的工作具有重复性,有时候会感到厌烦,很容易把客户看作是对工作的干扰,这很容易导致客户的抱怨。要改变这种态度,就要树立以客户为中心的理念,客户看作是工作中不可缺少的一部分。为了切实做到以客户为中心,要养成为客户做些分外的、力所能及服务的习惯。为客户所做的分外服务对业务接待员来说可能是举手之劳,但对客户来说却是解决了他的难处。关键时的一点微小服务可能给客户留下深刻印象,无形中会加固客户对企业的信任

❷ 准点准时

做到准时是一个基本的礼节问题,它代表着对一个人的尊重。为做到准时,必须遵守如下规则:

(1)制订一份工作时间安排表。严格按照规定时间完成各项具体工作,如何时完成统计报表,何时整理新客户资料,何时向经理汇报工作等。

(2)日常工作中要有条有理。一切工作先后有序,按部就班,井井有条,清晰地反映出你的时间观念。

(3)与客户或同事会面,首先要做到准时,一般来说要提前 10~15min 到达。

(4)当出现不准时情况时,一是要查明原因,比如与客户会面迟到的原因是交通堵塞、行驶线路搞错等等;二是要找出纠正办法,比如调整时间、改变行驶线路等。

❸ 言而有信

与客户打交道,最重要的一点就是必须遵守诺言。如果对客户的许诺不能兑现,通常两次以后、客户就会离开另谋他店。为了养成言而有信的职业习惯,通常应该注意以下几个方面:

（1）没有把握的事不得随意应承。即便是有把握的事，也要经过周密、反复的考虑，才能说"可以"。

（2）在没有弄清楚客户所需信息的情况下，不能随意答应客户的要求。

（3）当时不能回答的问题，不能说"这事我没办法帮助您"，应晚些时候再给客户一个肯定的答复。

（4）对已许诺过的客户，把姓名、许诺的事项等记录在备忘录上，便于随时查看落实情况，以免遗忘。

（5）承诺时应留有余地，不能让热心或者利益冲昏了头脑。一旦做出许诺，就在客户中建立了一种期望。等发现无法满足客户的需求时，可能就会引起客户的不满。通常在许诺时应注意"只答应客户有把握的事，而不是客户希望做到的事"。

❹ 以同事为客户

以同事为客户将会提高美容与装潢企业内部交际的整体素质，提高内部人员工作主动性、积极性和协作互助精神，扩大企业经营能力。把同事看作客户，有利于业务范围扩大，有利于工作开展得更加顺利。对美容与装潢企业来讲，加大了对外部客户服务的合力。

❺ 理解第一

一个人无论服务技能多么娴熟，也难免有让客户产生不悦的情况。在这种情况下，要养成对客户表示理解的习惯。当遇到客户充满不悦时，尽管自己不同意他的观点，但也要对客户表示理解。

❻ 忍让为先

在工作中，无论工作多么出色，也难免遇到乱发脾气、故意刁难的客户。当这种情况出现时，一定要记住，必须遵守忍让为先的原则，要以高度的涵养妥善处理好与这类客户的关系。切记在客户发脾气时，不可运用过激的语言与其针锋相对，否则，不但问题得不到解决，而且会越来越糟糕，难以收拾。

❼ 微笑服务

微笑服务是业务接待中最基本的服务手段，是情感服务。微笑会使人产生亲切、热情、平易近人的感觉，微笑具有沟通感情、传递信息的作用。业务接待员必须养成微笑服务的习惯。在与客户面对面的情况下要做到微笑服务，接听电话时更要采用微笑服务。微笑会改变你的口形，使声波更流畅，声音更动听，容易被客户接受。接听电话时客户虽然见不到人，但凭友好、温和的语气，会十分准确地感觉到接待员在微笑着跟他通话。很多客户在评价一个业务接待员服务质量好坏时常以微笑服务来衡量。

二　任务实施

课题一　汽车美容与装潢业务接待礼仪

（一）汽车美容与装潢业务接待基市礼仪

古人云"礼仪之始，在于正容体，齐颜色、顺辞令。"意思是说，礼是从端正容貌和修饰服饰开始的。一个有良好修养的人一定是体态端正、服饰整洁、表情自然、言辞得体的。仪容仪表美和内在美是一种表里的关系，一个人注重自身外在美的修饰是个人素养的体现，既维护了个人自尊，又体现了对他人的尊重(图5-1)。

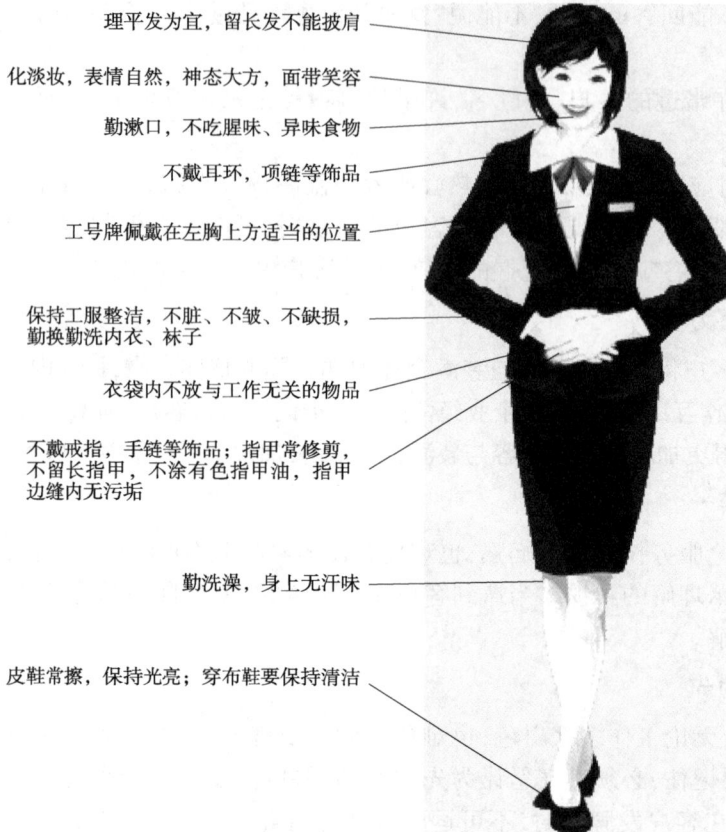

理平发为宜，留长发不能披肩

化淡妆，表情自然，神态大方，面带笑容

勤漱口，不吃腥味、异味食物

不戴耳环，项链等饰品

工号牌佩戴在左胸上方适当的位置

保持工服整洁，不脏、不皱、不缺损，勤换勤洗内衣、袜子

衣袋内不放与工作无关的物品

不戴戒指，手链等饰品；指甲常修剪，不留长指甲，不涂有色指甲油，指甲边缝内无污垢

勤洗澡，身上无汗味

皮鞋常擦，保持光亮；穿布鞋要保持清洁

图5-1　业务接待仪容仪表

① 仪容仪表

1)仪容

仪容主要是指人的容貌，主要包括面部五官、经常用作手势的手和上臂。在人际交往中，每个人的仪容都会引起交往对象的特别关注。整洁卫生、得体美观是仪容礼仪的基本要求。

2)仪表

仪表是指人的外表。它包括人的形体、容貌、姿态、举止、服饰和风度等方面，是人举止风度的外在体现。风度是指行为举止、待人接物时，一个人内在修养的外在表现。风度是构成仪表的核心要素。

② 仪态

1)站姿

站立是人们生活交往中一种最基本的仪态，它指的是人在站立时呈现出的具体姿态。

优美的站姿能衬托出两个人的气质和风度。站姿的基本要求是挺直、舒展、线条优美、精神焕发。标准站姿：

(1)全身笔直,精神饱满。

(2)两眼直视前方。

(3)两肩平齐。

(4)双臂向然下垂。

(5)脚跟并拢,两脚尖张开呈 60°角。

(6)身体重心落于两腿正中。

(7)下颚微收。

(8)挺胸收腹。

(9)腰背挺直。

(10)双手自然下垂。

2)坐姿

坐姿是指就座之后所呈现的姿势(图 5-2)。"坐如钟"是指人在就座之后要像钟一样稳重,不偏不倚。标准坐姿：

(1)两眼直视前力。

(2)双手放在大腿中部。

(3)臀部只占座位的 2/3。

(4)两腿并拢、自然弯曲。

(5)下颚微收。

(6)挺胸收腹。

(7)腰背挺直。

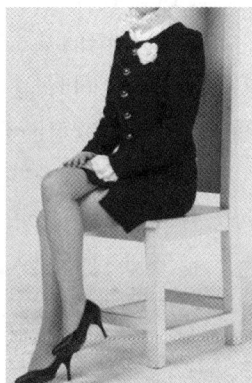

图 5-2　坐姿

(8)小腿和地面呈 90°角。

3)捡东西的姿态

人们在拿取低处的物品或捡起落在地上的东西时,要使用下蹲和屈膝,这样可以避免弯曲上身和撅起臀部,尤其是着裙装的女士下蹲时,稍不注意就会露出内衣,很不雅观。标准的捡东西姿态：

(1)人体左侧。

(2)一面对着需捡的东西。

(3)双腿和膝盖并拢。

(4)右手扶住胸口。

(5)左手按住裙摆。

(6)蹲下捡起东西。

(7)站立。

4)行姿

行姿,也称走姿,指人们行走过程中所形成的姿势。"行如风"指的是人们行走时像阵风一样轻盈,它是一种动态美,是站姿的延续动作。标准行姿：

（1）目光平视。

（2）挺胸收腹。

（3）摆臂自然。

（4）全身协调。

（5）匀速前进。

手：手臂以肩膀连接处为轴心，在身体前后摆动，与身体夹角在 $10° \sim 15°$。

腿：行走时摆动大腿关节，带动小腿前进。

3 基本礼仪规范

1）介绍

介绍是人际交往中互相了解的基本方式，正确的介绍可以使不相识的人相互认识，通过落落大方的介绍可以显示出良好的交际风度。介绍分为自我介绍和他人介绍。

（1）自我介绍。

自我介绍的基本程序是，先向对方点头致意，得到回应后再向对方介绍自己的姓名、身份和单位，同时递上准备好的名片。自我介绍时，表情要坦然、亲切，注视对方，举止庄重大方，态度镇定而充满信心，表现出渴望认识对方的热情。

自我介绍有一些忌讳需要注意和避免：

①不要过分夸张热诚；

②不要打断别人的谈话而介绍自己，要等待适当的时机；

③要尊重对方，不要态度轻浮；

④当一个以前曾经介绍过的人，未记起你的姓名，你不要做出提醒式的询问，最佳的方式是直截了当地再自我介绍一次。

（2）他人介绍。

他人介绍是经第三者为彼此不相识的双方引见、介绍的一种介绍方式。他人介绍通常是双向的，即将被介绍者双方各自均做一番介绍。做介绍的人一般是主人、朋友或公关人员。为他人作介绍时必须按"尊者优先"的规则：

①把年轻者介绍给年长者；

②把职务低者介绍给职务高者；

③如果双方年龄、职务相当，则把男士介绍给女士；

④把家人介绍给同事、朋友；

⑤把未婚者介绍给已婚者；

⑥把后来者介绍给先到者；

⑦先介绍主人后介绍客人。

介绍时应注意以下事项：

①介绍者为被介绍者介绍之前，一定要征求一下被介绍双方的意见，切勿上去开口即讲，显得很唐突，让被介绍者感到措手不及。

②介绍人和被介绍人都应起立，以示尊重和礼貌，待介绍人介绍完毕后，被介绍双方

应微笑点头示意或握手致意。

③介绍具体人时,要有礼貌地以手示意,而不要手指指点点。

2)握手

握手是交际的一个重要部分。如图 5-3 所示握手的力量、姿势和时间的长短往往能够表达出对握手对象的不同礼遇和态度,显露自己的个性,给人留下不同的印象,也可通过握手了解对方的个性,从而赢得交际的主动。

图 5-3 握手

(1)应当握手的场合。

①当遇到较长时间没见面的熟人时;

②在较正式的场合和认识的人道别时;

③在以本人作为东道主的社交场合,迎接或送别来访者时;

④拜访他人后,在辞行时;

⑤被介绍给不认识的人时;

⑥在社交场合偶然遇上亲戚朋友或上司时;

⑦别人给予你支持、鼓励或帮助时;

⑧表示感谢、恭喜祝贺时;

⑨对别人表示理解、支持、肯定时;

⑩得知别人患病、失恋、失业、降职或遭受其他挫折时;

⑪向别人赠送礼品或颁发奖品时。

(2)握手的顺序。

①长辈和晚辈之间,长辈伸手后,晚辈才能伸手相握;

②上下级之间,上级伸手后,下级才能接握;

③男女之间,女方伸手后,男方才能伸手相握;

④主客之间,主人应主动先向客人伸手,以表示欢迎;

⑤如果需要和多人握手,握手时要讲究先后次序,由尊而卑,即先年长者后年幼者,先长辈再晚辈,先老师后学生,先女士后男士,先已婚者后未婚者,先上级后下级。

(3)握手方式。

握手的标准方式是(图 5-4):

①双腿直立;

②呈立正姿势;

③上身略向前倾;

④右手四指并齐、拇指张开向对方;

⑤伸出,在齐腰高度与对方的右手虎口相交;

⑥拇指张开下滑,握住对方的手;

⑦一般要将握手时间控制在 3～5s 以内。

图 5-4 握手方式

如果要表示自己的真诚和热烈,也可较长时间握手,并上下摇晃几下。在面对众多客户不能一一握手时,可以用点头礼、注目礼或招手礼替代。

（4）握手的禁忌。

在行握手礼时应努力做到合乎规范,避免下述失礼的禁忌:

①禁忌左手相握;

②禁忌握手时戴着手套或墨镜,女士在社交场合戴着薄纱手套握手是被允许的;

③禁忌握手时将另外一只手插在衣袋里或拿着东西;

④禁忌握手时太过力,也不可太无力,不要仅握住对方的手指尖,好像有意与对方保持距离;

⑤禁忌握手时把对方的手拉过来、推过去,或者上下左右抖个没完;

⑥禁忌拒绝握手,即使有手疾或汗湿、弄脏了,也要和对方说一下"对不起,我的手现在不方便",以免造成不必要的误会。

3）名片礼仪

名片是介绍身份的工具,名片也是自己或企业的一种表现形式,如图5-5所示。

（1）准备名片。

要把自己的名片准备好,整齐地放在名片夹、盒或口袋中,要放在易于掏出的口袋或皮包里,不要把自己的名片和他人的名片或其他杂物混在一起,以免用时手忙脚乱或掏错名片,要保持名片或名片夹的清洁、平整。

图5-5 递接名片

（2）递名片。

递交名片要用双手或右手,用双手拇指和食指执名片两角,让文字正面朝向对方,递交时要目光注视对方,微笑致意,可顺带一句"请多多关照"。

（3）接受名片。

接名片时要起身用双手,接收后要认真看一遍上面的内容,最好能将对方的姓名、职务、职称轻声读出来,以示尊重,如果接下来与对方谈话,不要将名片收起来,应该放在桌子上,并保证不被其他东西压住,使对方感觉到你对他的重视。

4）电话礼仪

（1）接电话的礼仪。

①电话铃一响,应尽快去接,最好不要让铃声响过三遍;

②拿起电话应先自报家门,"您好,这里是××装潢店"。然后用"请问您是哪一位?""有什么事我可以帮忙吗?"这样的语气来接待对方。

③接电话时,对对方的谈话可作必要的重复,重要的内容应简明扼要地记录下来,如时间、地点、联系事宜和需解决的问题等。

④如果自己是帮别人代接电话,那么一定要说"非常抱歉,他现在不在,请您稍等好吗?"或"等他回来我会让他尽快给您回电话,方便的话,请留下您的联系方式可以吗?"

⑤电话交谈完毕时,应尽量让对方结束对话,若确需自己来结束,应解释、致歉。通话完毕后,应等对方放下话筒后,再轻轻地放下电话,以示尊重。

⑥电话用语应文明、礼貌,态度应热情、谦和、诚恳,语调应平和,音量要适中。

（2）打电话的礼仪。

①选择适当的时间。一般的业务电话最好避开临近下班的时间,因为这时打电话,对方往往急于下班,很可能得不到满意的答复。业务电话应尽量打到对方单位,若确有必要往对方家里打时,应注意避开吃饭或睡觉时间。

②电话接通后,用"您好,请问您是×××吗?"确认接电话者的身份,然后用"您好,我是××装潢的×××"。通报自己的姓名、身份,必要时应询问对方是否方便,在对方方便的情况下再开始交谈。

③电话用语应文明、礼貌,电话内容要简明、扼要。

5）拜访和接待礼仪

拜访和接待是社会交往中必不可少的环节。

（1）拜访礼仪。

①拜访前应事先和被访对象约定,以免扑空或扰乱主人的计划。

②拜访时间长短应根据拜访目的和主人意愿而定,拜访时要准时赴约,一般而言时间宜短不宜长。

③到达被访人所在地时,一定要用手轻轻敲门,进屋后应待主人安排指点后坐下。后来的客人到达时,先到的客人应该站起来,等待介绍。

④拜访时应彬彬有礼,注意一般交往细节。

⑤告辞时要同主人和其他客人一一告别,说"再见"、"谢谢",主人相送时,应说"请回"、"留步"、"再见"。

（2）接待礼仪。

①接待人员要品貌端正,举止大方,口齿清楚,具有一定的文化素养,受过专门的礼仪、形态、语言、服饰等方面的训练。

②接待人员服饰要整洁、端庄、得体、高雅;女性应避免佩戴过于夸张或有碍工作的饰物、化妆应尽量淡雅。

③如果来访者是预先约定好的重要客人,则应根据来访者的地位、身份等确定相应的接待规格和程序。在办公室接待般的来访者,谈话时应注意少说多听,最好不要隔着办公桌与来人说话。对来访者反映的问题,应作简短的记录。

（二）汽车美容与装潢业务接待礼仪规范

业务接待员应根据接待环节中不同的场合,灵活运用基本的礼仪规范,使客户感受热情周到的服务。

美容与装潢业务接待基本礼仪要求如下。

❶ 客户来到

应面向带微笑主动热情问候招呼;"小姐(先生),您好,我能为您做些什么?",要使客户感受到你的友好和乐于助人。

❷ 接待客户

应双目平视对方脸部三角区,专心倾听,以视尊重和诚意。

（1）对有急事而来意表达不清的客户,应劝其先安定情绪后再说。可为该客户倒杯水,并说:"您别急,慢慢说,我在仔细听。"

（2）对长话慢说、语无伦次的客户,应耐心、仔细听清其要求后再回答。

（3）对口音重、说话难懂的客户,在交流过程中,可适时重复他所讲的重要信息,一定要弄清其所说的内容与要求,不能凭主观推测和理解,更不能敷衍了事将客户拒之门外。

（4）对有意见的客户,要面带微笑,以真诚的态度认真倾听,不得与客户争辩或反驳,而要真诚的表示歉意,妥善处理。

（5）对个别有意为难、过分挑剔的客户,仍应坚持以诚相待、注意服务态度,要热情、耐心、周到,要晓之以理、动之以情。

（6）对待客户应一视同仁,依次接待,统筹兼顾;做到办理前一个,接待第二个,招呼第三个。在办理前一个时要对第二个说:"谢谢您的光临,请稍等",招呼后一个时要说:"对不起,让您久等了",使所有客户感到不受冷落。

❸ 答复客户询问

要做到百问不厌,有问必答,用词用语得当,简明扼要,不能说:"也许、可能、好像、大概"之类模棱两可或含混不清的话。

（1）对一些不能回答的问题,不要不懂装懂,随意回答,也不能草率地说"我不知道"、"我不管这事"之类的话。应该实事求是地说,"对不起,很抱歉,这个问题我不清楚,我能否让××部门的××来为您解答。"或"对不起,很抱歉,这个问题我现在无法解答,我会尽量在三天内了解清楚,然后再告诉您,请您留下联系电话。"

（2）客户较多时,应先问先答,急问快答,不先接待熟悉的客户,依次接待,避免怠慢。使不同的客户都能得到应有的接待和满意的答复。

❹ 核对客户证件资料

在核对客户的证件资料时要注意使用礼貌用语,核对完后要及时交还,并表示谢意,说"××先生(小姐),让您久等了,这是您的××证、××证,共两本,请您收好,谢谢"。

❺ 接打电话

（1）电话来时,听到铃声,至少在第三声铃响前取下话筒。通话时先问候,并自报公司、部门。对方讲述时要留心听,并记下要点。未听清时,及时告诉对方。结束时礼貌道别,等对方挂断电话后自己再放下话筒。

（2）接打电话时,要坐端正,不要吃东西或喝水;否则,客户会感觉你是在敷衍了事。

（3）接打电话前,要准备好笔和记事本以便通话时记下要点,如何时、何地、何人、何事、为什么等。

（4）工作期间不在电话中聊天,不打私人电话。

（5）客户来电查询,应热情帮助解决问题,如果不能马上回答,应与来电的客户讲明等候时间,以免对方久等而引起误会。

课题二 汽车美容与装潢业务前台接待

汽车美容与装潢业务接待在汽车美容与装潢服务流程的每一个环节都有具体的工作内容和要求,具体见表5-2。

业务接待员工作内容和要求 表5-2

序号	接待流程	工作内容	要求
1	迎客	(1)问候; (2)寒暄; (3)轻启车门	(1)注意客户情绪; (2)提醒车主关闭电源、放空挡、拉驻车制动器操纵杆
2	询问预检制单	(1)询问来意; (2)询问作业内容; (3)检查车况,提醒贵重物品处理; (4)开施工单; (5)预计费用及时间; (6)确认去留、签名	(1)开放式问句; (2)递送纸巾/名片; (3)双向沟通; (4)详列项目清单; (5)安装护车套件; (6)最佳电访时间; (7)确认联系方式
3	派工	(1)移车入工位; (2)协调美容装潢技工	(1)与技工交接; (2)确认时间并通知客户
4	引导	(1)引导客户至休息室; (2)安排交通工具	(1)递饮料; (2)递书报; (3)响应客户要求
5	跟进服务	(1)追加费用、时间告知客户; (2)征求同意	客户签字确认
6	竣工检验	确认美容装潢事项是否完成	确认
7	结算/交车	(1)检查车身清洁; (2)交修事项确认; (3)结账; (4)送客	(1)车身清洁性; (2)收回护车套件; (3)协助会计; (4)协助开车门; (5)指引交通

在前台接待中业务接待员最主要的工作是填写接车检诊表(接车单、进店检验记录单)、制订美容装潢施工单(任务委托书或美容装潢委托任务书)、价格预算、跟进服务和价格结算。

1 填写接车单

为避免客户提车时产生不必要的误会或纠纷,业务接待员在车辆进入美容装潢车间前必须与客户共同对车辆进行环车检查,即进厂检验。检验完成后,填写接车单并经客户签字确认。检验的内容主要有车辆外观是否有漆面损伤、车窗玻璃是否完好、内饰是否有脏污、仪表板表面是否破损、车内是否有贵重物品等。接车单见表5-3。一般一式两份,一份由车主保管,一份由企业保管。

车辆美容项目施工前全车检查单 表5-3

客户信息	客户姓名		联系电话	
	车型		车牌号	
	美容项目		预计工时	
检查事项		检查内容	状况	受损情况
	外观	车身漆面保险杠检查有无划痕	□完好 □受损	
		前后机盖	□完好 □受损	
		左右车门	□完好 □受损	
	车窗玻璃	前风窗玻璃	□完好 □受损	
		后风窗玻璃	□完好 □受损	
		左侧窗玻璃	□完好 □受损	
		右侧窗玻璃	□完好 □受损	
	内饰	门窗密封条	□完好 □受损	
		车内座椅表面	□完好 □受损	
		车顶、门板、工作台	□完好 □受损	
		其他位置情况		
确认签字	经办人签字: 技师签字: 　　　　　　　　年　月　日		客户签字: 　　　　　　　　年　月　日	

注:在将车辆交给我店检查装潢前,已提示车内贵重物品自行收起并保存好,如有遗失本店恕不负责。

❷ 制订美容装潢施工单

美容装潢施工单是企业对美容装潢车辆的合同文本,美容装潢施工单的主要内容有客户信息、车辆信息、企业信息、作业任务信息、附加信息和客户确认签字等。美容装潢施工单见表5-4。

业务接待员同客户签订美容装潢施工单时需向客户解释清楚美容装潢施工单的内容,重点解释说明美容装潢项目、估算工时费、材料费、其他费用和预计完工时间。客户签字意味着对美容装潢项目、有关费用和时间的认可。

美容装潢施工单一般为三联,其中一联交付客户,作为客户提车时的凭证,以证明客户曾经将该车交付美容装潢店装潢美容,客户结算提车时收回。企业自用的两联可分别用于美容装潢车间派工及美容装潢人员领料使用。

美容装潢施工单

表5-4

车辆牌照		受理日期		预完工日期		类别	
发动机号		底盘号		车辆颜色		购车日期	
车辆厂牌		车辆型号		行驶里程		出厂日期	
车主		车主地址				进店方式	
车主联系人		车主电话		车主手机			

工种		付费类别	工时费	装潢工	组长复检

工时费合计：	减免工时费合计：	客户应付工时费合计：

零件号	零件名称	单位	型号	数量	单价	金额	付费类别

材料费合计：	减免材料费合计：	客户应付材料费合计：

工时费合计		材料费合计		其他费	
材料管理费合计		总费用合计			

业务接待员签字：　　　　　　客户签字：

进店车辆如果要进行美容装潢,业务接待员应对客户车辆初步估算修理工时费、材料费及其他费用,预计完工时间,打印好美容装潢施工单,请客户签字确认。

❸ 价格预算

汽车美容装潢价格预算,是汽车美容装潢价格结算中的前期工作。依据有关规定,客户在接受美容装潢服务之前有权知道该次美容装潢的价格范围。比较准确预算汽车美容装潢费用,是汽车美容装潢企业的经营管理素质的具体体现。

1）美容装潢价格预算

汽车美容装潢价格预算是指汽车美容装潢企业根据客户要求,对所美容装潢项目进行费用的概算。

2）汽车美容装潢价格预算方法

汽车美容装潢价格预算时,认真听取客户对施工的要求,根据车辆技术状况,与客户共同商定美容装潢方案,确定美容装潢项目,再根据确定的美容装潢项目,确定美容装潢工艺过程中所牵涉的工种,然后根据美容装潢工时定额标准及本企业收费标准,预计所需工时费、材料费和其他各项费用,计算出将发生的美容装潢预算总费用。

4 跟进服务

在美容装潢作业进行时,业务接待员要时刻关注车辆的美容装潢进度。这个过程主要通过看板管理来完成,见表5-5。

美容装潢管理看板　　　　　　　　　表5-5

　　　　　　　　　　　　　　　　　　　　年　　月　　日

序号	车牌号	装潢项目	装潢工	进店时间	预计完工时间		备注
1	浙A×× ×	贴膜	××	9:00	16:00		
2							
3							
4							
5							
6							

5 价格结算

汽车美容装潢价格结算,是在美容装潢车辆竣工后,由美容装潢企业对车辆美容装潢作业所发生的全部工时费、材料费及其他各种费用,用统计的方法计算出来,向客户收取全部费用的结算过程。汽车美容装潢总费用就是工时费、材料费和其他费用3项之和。

1)工时费

汽车美容装潢工时费是指汽车美容装潢所付出的劳务费用,即完成一定的美容装潢作业项目而消耗的人工作业时间所折算的费用。汽车美容装潢工时费的计算公式为:

$$工时费 = 工时单价 \times 工时定额$$

(1)工时单价:是统一规定的完成某种汽车美容装潢作业项目每工时的收费标准。

(2)工时定额:是统一规定的完成某种汽车美容装潢作业项目所需要的工时限额,通常也称为定额工时。汽车美容装潢企业可以自行制定美容装潢工时单价和工时定额标准,但必须明码标价。

2)材料费

汽车美容装潢材料费是指汽车美容装潢过程中合理消耗材料的费用,一般分为配件费和辅助材料费两类。

(1)配件费:配件费用包括外购配件费、自制配件费和修旧配件费3种。

(2)辅料费。

汽车美容装潢辅助材料费是指汽车美容装潢过程中消耗的棉纱、砂布、锯条、密封纸垫、开口销、通用螺栓、螺母、垫圈、胶带等低值易耗品。

3)其他费用

其他费用就是指上述费用以外的、汽车美容装潢过程中按规定允许发生的费用,主要包括材料管理费、外协加工费等。

4)总费用的计算

$$美容装潢总费用 = 工时费 + 材料费 + 其他费用$$

按有关规定,车辆美容装潢竣工后,企业必须出具有效发票,其中,工时费、材料费、其他费等,必须开列清单,并附美容装潢清单。结算清单见表5-6。结算清单应标明美容装潢项目、材料配件清单和各项费用。

美容装潢结算清单　　　　　　　　　　　　　　　　　　表5-6

委托单号:　　　客户:　　　车型:　　　车牌号:　　　日期:

班组	项目	工时费(元)	材料费(元)	其他费(元)	总额(元)

序号	材料名称	型号/规格	单位	数量	单价(元)	金额(元)	备注
1							
2							
3							
4							
5							
6							
7							
8							
9							
10							
总额	万　仟　佰　拾　元　角　分						

业务接待员签字:　　　　　客户签字:

课题三　汽车美容与装潢合同

汽车美容与装潢合同是一种契约,它是承、托双方当事人之间设定、变更、终止民事法律关系的契约,是为了协同汽车美容与装潢活动达到按规定标准和约定条件美容装潢汽车的目的而协商签订的相互制约的法律性协定。

汽车美容与装潢合同的特征是一种法律文书,其目的是在于明确承、托美容装潢双方设定、变更终止权利义务的一种法律关系。在合同关系中,承、托美容装潢双方当事人的地位是独立的、平等的、有偿的、互利的。汽车美容与装潢合同的作用是有利于维护汽车美容装潢市场秩序,保护承、托美容装潢双方的利益;有利于企业改进经营管理;促进汽车美容与装潢企业向专业化、联合化方向发展。

（一）汽车美容与装潢合同的主要内容

美容与装潢合同文本中主要有以下要素:

(1)承、托双方名称、联系方式。

(2)签订合同的日期、地点和编号。

(3)美容装潢车辆牌照号、型号、发动机号、车架号、VIN 代码、车辆注册登记日期、里程表里程数。

(4)美容装潢类别、项目。

(5)美容装潢质量保证期。

(6)美容装潢日期、地点、方式。

(7)交车日期、地点、方式。

(8)预计美容装潢费用。

(9)美容装潢方所提供材料的规格、数量、质量及费用结算原则。

(10)验收标准和方式。

(11)结算方式和期限。

(12)违约责任和赔偿金额。

(13)解决合同纠纷的方式。

(14)双方商定的其他条款。

(二)汽车美容与装潢合同的签订

❶ 合同签订的原则

汽车美容装潢合同必须按平等互利、双方自愿、等价有偿的原则依法签订。一旦签订,双方签章后立即生效。

❷ 合同签订的形式

汽车美容装潢合同的签订形式分两种:

(1)长期合同,一般在1年内使用有效。

(2)一次性合同,在汽车美容装潢完成交车、质量保证期满且结算完成后即失效。

双方根据需要可签订单车或成批车辆的美容装潢合同,也可签订一定期限的包修合同。

❸ 合同签订的范围

在一般情况下,美容装潢预算费用在1 000元以上的项目。

(三)汽车美容与装潢合同的履行

汽车美容与装潢合同的履行指汽车美容装潢合同一旦签订,承接方、美容装潢方双方必须按合同的规定内容全面完成各自承担的义务,实现合同规定的权利。

❶ 美容装潢方义务

(1)按合同规定的时间送接车辆。

(2)提供美容装潢车辆的有关情况。

(3)如果提供原材料,必须是质量合格的原材料。

(4)按合同规定的方式和期限交纳美容装潢费用。

❷ 承接方的义务

(1)按合同规定的时间交付竣工车辆。

（2）建立美容装潢车辆技术档案,并向美容装潢车辆方提供美容装潢车辆的有关技术资料及使用的注意事项。

（3）按规定收取美容装潢费用,并向美容装潢方提供票据及工时、材料明细表。

(四)汽车美容与装潢合同的变更和解除

变更合同是指汽车美容与装潢合同在未履行或完全履行之前由双方当事人依照法律规定的条件和程序,对原合同条款进行修改或补充。

解除合同是指汽车美容与装潢合同在未履行或没有完全履行之前由双方当事人依照法律规定的条件和程序,解除合同确定的权利义务关系,终止合同的法律效力。

❶ 汽车美容与装潢合同变更或解除的条件

双方协定变更、解除美容装潢合同的条件:

（1）双方当事人协商同意。

（2）不损害国家和集体的利益。

（3）不违反法律法规的规定。

单方协定变更、解除美容装潢合同的条件:

（1）发生不可抗力。

（2）企业关闭、停业、转产、破产。

（3）单方严重违约时。

除上述条件外,合同双方均不得单方变更、解除合同。在条件外一旦单方变更、解除合同,视为违约。

❷ 美容与装潢合同变更或解除的程序及法律后果

汽车美容与装潢合同签订后,当事人一方要求变更或解除合同时,应及时以书面形式通知对方,提出变更或解除合同的建议,并得到对方的答复,同时协商签订变更或解除合同的协议。

因一未按程序变更或解除合同,使一方遭受损失的,除依法可以免除责任外,责任方应负责赔偿。

❸ 汽车美容与装潢合同的担保

汽车美容与装潢合同一般采取的是定金担保形式。它是一方当事人在合同未履行前,先行支付给对方一定数额的货币,这种形式是在没有第三方参加的情况下,由合同双方当事人采取的保证合同履行的措施。定金是合同成立的证明。美容装潢方预付定金违约后,无权要求返还现金;接受定金的承接方违约应加倍返还定金。定金的制裁作用,可以补偿因不履行合同而造成的损失,促使双方为避免制裁而认真履行合同。

课题四　客户档案管理

对汽车美容与装潢企业来说,客户是非常重要的经营资源,通常利用客户档案可以建立客户群,扩大业务,提高企业的知名度等。

(一)客户档案概述

1 客户档案定义

汽车美容与装潢客户档案是美容与装潢企业在向客户实施美容装潢服务的过程中建立起来的,以备日后查考的文件,可以以纸质或电子文档方式保存。

2 客户档案建立的目的

(1)美容与装潢企业可以稳定基本的客户服务群体。

(2)可以了解目标客户的基本需求及个性化需求,提高企业的盈利水平。

(3)可以向客户提供有针对性的汽车美容装潢服务,提高客户的满意度和忠诚度。

3 客户档案内容

客户档案的内容主要有两个方面:一是客户基本资料,二是车辆美容装潢档案。

(1)客户基本资料:对于不同的企业来说,对客户基本资料内容的要求各不相同,一般客户的资料分为3部分。

①客户的基本信息:姓名、性别、出生日期、身份证号码、住址、邮政编码、联系电话和手机号码等。

②车主的扩展信息:车主的电子信箱、电话号码,车主的其他联系人、开户银行、开户账号、税号、所在地等。

③车辆的基本信息:车牌号、VIN码、发动机号、车架号(底盘号)、钥匙号、出厂日期、车型和车型分类等。

(2)车辆美容装潢档案:汽车美容与装潢企业应为其建立车辆美容装潢档案。美容装潢档案主要内容包括:美容装潢合同、美容装潢项目、具体美容装潢人员及质量检验人员、检验单及结算清单等。

(二)客户分类

所有汽车美容装潢客户,按照给企业带来的利润率,可以划分为重点客户、一般客户、维持型客户、无效客户4类。

(1)重点客户:这类客户可能人数不多,美容装潢作业总量也不大,但是他们往往愿意接受高价位的美容装潢作业,也愿意接受最新的美容装潢项目,是企业利润的主要创造者,属于消费领袖级别的客户。

(2)一般客户:是最为庞大的客户群体,人数众多,但给企业带来的利润却不多。

(3)维持型客户:属于基本给企业不带来多少利润的客户,但从企业的经营来说,他们可以为企业带来业务量。

(4)无效客户:属于企业出于经营、社会关系等方面的需要,不得不照顾的客户群体,这些客户不仅不会给企业带来利润,有时还要倒贴许多成本,属于不愿接纳又不得不接纳的客户。

(三)客户档案管理及使用

(1)客户进厂后业务接待人员当日要为其建立业务档案。

（2）客户档案由业务部门负责收集、整理和保管。

（3）客户基本信息应及时更新、整理，并利用电脑存档；纸质档案应保持整齐、完整，不得混杂乱装，档案袋应有明确的标识，以便检索查询，同时防止污染、受潮、遗失。

（4）车辆美容装潢档案应认真填写，记载及时、完整、准确，不得任意更改。

（5）美容装潢档案保存期为两年。

课题五　客户投诉处理

汽车美容与装潢服务涉及的环节较多，遭遇客户投诉的可能性很高，没有哪一家汽车美容装潢服务企业敢说自己没有被投诉，客户都是满意的。客户投诉或抱怨是客户对服务质量不满的一种具体表现。应树立正确的态度，采用正确的方法来处理客户投诉。处理客户投诉的方式不当，会让客户失望，激化矛盾，甚至导致投诉升级，也会丢失客户。

（一）异议处理技巧

异议就是客户对业务接待员所说不明白、不同意或持反对意见。在汽车美容与装潢企业提供服务的过程中，经常会碰到这种现象。处理客户的异议，一般可采用的方法有忽视法、补偿法、询问法顺应法、成本细分法、直接反驳法等。

❶ 忽视法

当客户提出一些反对意见，这些意见和眼前的交易扯不上直接关系，其用意并非真的想要获得解决或讨论，这就是虚假的异议。这时业务接待员最好不要反驳，只需要微笑地同意或转而谈要说的问题即可。

❷ 补偿法

当客户提出的异议有事实依据时，即是真实的异议。业务接待人员应该承认并欣然接受，强力否认事实是不明智的举动。

❸ 询问法

透过询问，把握住客户真正的异议点。业务接待员在没有确认客户反对意见的重点及程度前，不要直接回答客户的反对意见，不然可能会引出更多的异议。这时，业务接待员可以问"为什么？"让客户自己说原因。

❹ 顺应法

人有一个通性，不管有理没理，当自己的意见被别人直接反驳时，内心总是不痛快，甚至会被激怒，尤其是遭到一位素昧平生的业务接待员的正面反驳。因此，业务接待员最好不要开门见山地直接提出反对意见。在表达不同意见时，尽量利用"是的……如果"的句法，软化不同意见的口语。用"是的"同意顺应客户部分的意见，在"如果"中表达在另外一种状况时是否会比较好。

❺ 成本细分法

把客户的注意力从庞大的总数转化成细分化后的金额，让客户更能客观地、清楚地衡量能得到的，效果会更好。一般适宜于客户的价格异议。

6 直接反驳法

在顺应法的说明中,我们已经强调不要直接反驳客户。直接反驳客户容易陷于与客户争辩中。但有些情况下,必须直接反驳以纠正客户不正确的观点。如以下情况:

(1)客户对企业的服务、诚信怀疑时。

(2)客户引用的资料不正确时。

出现以上两种状况时你需要直接反驳,因为客户若对企业的服务、诚信有所怀疑,你缔结成功的机会几乎可以说是零。如果客户引用的资料不正确,你能以正确的资料佐证你的说法,客户会很容易接受,反而对你更信任。

(二)平息客户愤怒的技巧

在接待工作中,如果面临一位怒气冲冲的客户,业务接待员首先应保持冷静与理智。无论客户是粗鲁、沮丧、糊涂还是发怒,都一定要处理好自己与客户的关系。一般来说,可以按照以下方法步骤进行处理:让客户发泄、不陷入负面评价、移情于客户、主动解答问题、双方协商解决方案、跟踪服务。

1 让客户发泄

1)冷静倾听

不要在客户开始发泄时就试图解决问题,这是难以奏效的。只有在客户发泄完后,他才会恢复理智,听进他人的说法,因此,最好的办法是保持冷静,闭口不言,而不是打断客户使他恼羞成怒。在处理中要尽量避免使用以下语言:

(1)"您好像不明白。"

(2)"您肯定弄混了。"

(3)"您真糊涂;您搞错了。"

(4)"我们不会从来不可能。"

(5)"这不是我们的规定等。"

2)关注客户

虽然不能在客户发泄时打断他,但业务接待员必须要让客户知道你正在关注着他,正在仔细倾听。要做到这一点,业务接待员可以不时地点头,不时地说:"噢、嗯",保持眼神交流。

3)克制自己

当客户发泄的时候,他可能会表现出一些过火的情感,而这种过火的情感很可能会个人化,甚至客户会迁怒业务接待员,此时一定要记住,自己仅仅是他倾诉的对象,努力克制自己的行为,不能有针对客户的反击行为,否则会使事态恶化。

2 不陷入负面评价

一位愤怒的客户,往往会产生过激的言辞和行为,有的业务接待员在遇到这种情况时,通常表面上强压怒火而心里却在默默用"混蛋、不是东西、啥玩意"等评价客户,这实际上就是陷入了负面评价,业务接待员一旦陷入负面评价,就会对客户的看法越来越坏,而与客户无法沟通,使事态进一步恶化。

❸ 移情于客户

当客户发泄完怒气后,通常会逐渐平静下来。业务接待员要抓住这一机会用简短而又真诚的表达方式,使客户逐步进入沟通状态。这时可以采用移情于客户的方式。移情作用是表明业务接待员已明白了客户的感受,但这不代表非得赞同他的观点。通过比客户知道业务接待员明白他为什么难受,就能与客户进行正常沟通。

对客户移情表达的措辞有:

(1)"我能明白您为什么觉得那样。"

(2)"我明白您的意思。"

(3)"那一定非常难过。"

(4)"我理解那一定使人生气。"

(5)"我对此感到遗憾"等。

移情作用不是同情。同情是过于认同他人的处境。例如,如果有一位愤怒的客户向你走来说:"你们公司的美容装潢质量太差了!"用同情方式的回答是:"您说得对,经理就知道赚钱!"用移情方式的回答则是:"我能明白您为什么觉得那样"。

❹ 主动解答问题

与客户进行沟通时,可以通过提问的方式主动帮助客户解答问题。提问时应当注意以下问题:

(1)不要自作结论。当问客户问题时,一定要注意听他所讲的每个细节,不要因为你以前也可能有过相同的经历,就误以为已经知道答案了,从而疏忽了一些很重要的细节,一定要耐心倾听客户叙说,不要自作结论。

(2)防止主题转移。客户有时会省略一些他以为这不重要或者忘了的信息,而这些信息对于业务接待员来说可能非常重要,因为它们很有可能是解决问题的关键。此时业务接待员应该在客户述说中主题转移时,实行跳跃式的谈话,将主题回到原来的轨道。

❺ 双方协商解决方案

业务接待员在掌握有关信息后,需要与客户一起探讨,制订出一二个合理的解决其问题的方案。为了快速、有效地制订出方案,业务接待员需要将有关问题的内容、时间与客户充分沟通,征得客户同意。

对客户进行跟踪服务,即通过电话、电子邮件或信函来核实方案的实施效果。通常有两种情况:

(1)大多数情况,客户对解决方案的实施感到满意。

(2)少数情况,个别客户对解决方案感到不满意。

遇到这种情况,业务接待员不要有到此为止的念头,而要尽快寻求一个更可行的解决方案。

(三)投诉处理技巧

客户的不满可能表现在很多地方。从产品到服务,再到承诺的异议,客户都可能产生不满。对客户的投诉处理得好,不仅可以增强客户的忠诚度,还可以提升企业的形象。处理得不好,会丢失客户,还会给公司带来负面影响。客户投诉有善意和恶意之分,善意的投诉可以使企业服务更完善,投诉是企业创新的源泉。

❶ 正确看待客户投诉

要正确认识到:

(1)投诉就是客户的不满。

(2)投诉是客户生气的表现。

(3)投诉是客户欲望没得到满足的表现。

(4)客户有期望才会有投诉。

(5)投诉是促使企业改进工作的良药。

(6)妥善处理客户的投诉可以增强客户信任度。

❷ 客户产生投诉的原因

(1)对企业的服务质量不满。

(2)对企业的服务态度不满。

❸ 应对客户投诉的心理准备

(1)避免感情用事。客户在投诉时难免会出现过激行为,在这种情况下,业务接待员必须克制自己的情绪,尽可能冷静、缓慢地交谈。

(2)把客户投诉当成贵重情报的心理。投诉也是一种信息,客户通过抱怨和投诉能把他的需求动向反映给企业,企业可以不断加以改善。

(3)不要有"客户的攻击是在针对我"的心理。

❹ 处理客户投诉的原则

1)以诚相待

处理客户投诉的目的是为了获得客户的理解和再度信任,如果客户感觉维修企业在处理投诉时是没有诚意的,是在敷衍,可能会导致负面需求。

2)迅速处理

时间拖得越久越会激发投诉客户的愤怒,同时也会使他们的想法变得顽固而不易解决。所以要及时处理客户的投诉。

3)对客户的投诉表示欢迎

认为客户总是有理的,可以使客户感到业务接待员与自己站在一边,从而消除内心情感上的对立和隔阂,利于解决问题。

4)站在客户的立场上想问题

客户投诉一旦产生,心理上自然会强烈认为自己是对的,与之交涉时一定要避免争吵,站在客户的立场上角色转换后,想法和看法就会有很大的转变。

❺ 抱怨客户的几种处理方法

1)电话回访时客户的抱怨

要注意抱怨永远无法在电话上一次解决,所以应当采用请客户来店或登门致歉等方式。

2)当处理人员已经无法忍受时的处理模式

(1)紧急调度其他人员来接应。

(2)假设自己专业不足,请同事协助。

(3)改由其他人来处理。

(4)找借口走开,并询问可否找他人。

3)当媒体已经来店的应对模式

(1)不可发表任何言论。

(2)也不可以接受私下不公开的访问。

(3)赶快请经理来处理。

(4)确认对方是否有记者证,若没有不可拍照。

(5)经理还没来时要热情招待记者到休息室,不可置之不理。

(6)若对方没有工作证时可请示经理,必要时找公安部门来处理。

⑥ 处理客户投诉的程序

投诉处理一般程序如图 5-6 所示。

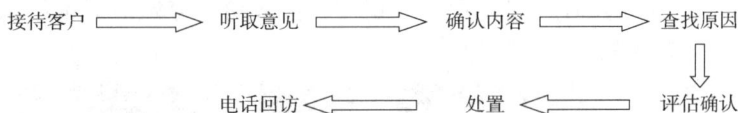

接待客户　⟹　听取意见　⟹　确认内容　⟹　查找原因

电话回访　⟸　处置　⟸　评估确认

图 5-6　处理客户投诉的流程

1)接待客户

请客户到办公室或会议室,这样做第一表示对他的重视,第二可以不用担心影响别的客户。

2)听取意见

仔细听取客户的意见,说话要有礼貌;客户在投诉时的情绪往往比较激动,请他尽情地发泄,耐心倾听,即使他用一些比较恶劣的语言,客人的情绪是针对所投诉的事件,而不是针对你个人,所以你完全可以心平气和地对待,让客人平静下来。

3)确认内容

确信已经了解客户投诉的内容。继续讨论之前,你必须完全了解客户投诉的问题所在,否则没有办法与客户达成共识。必要的时候,重复你对客户问题的理解,并询问客户是否同意你的复述。

认真检查车辆,查阅过去的记录,或与客户一起再次商讨,找出问题所在,判定责任是在企业还是在客户。

4)评估确认

(1)告诉客户问题发生的原因,以及将采取的工作方案,包括将采取的措施。

(2)如果是企业的过失,不要辩解,为错误向客户道歉。

(3)若是客户的过失,委婉而有礼貌地告诉他发生的原因,以及防止这类事情再次发生的措施,不要让客户觉得没有面子。

(4)解释的时候,不要对客户太委曲求全。

(5)如果你和客户都不愿意妥协,将会陷入僵局。协调应以互相信任的态度进行,以寻求双方都能接受的处理意见。

(6)让客户觉得他是重要的客户。

5)处置

立即采取措施,如果是简单维修,尽可能请客户在场;向客户解释已经采取的补救措施;感谢客户使你注意到这些问题,从而可以改进工作。

6)电话回访

通过电话了解客户对投诉是否满意;如果不满意,则应回到适当的步骤,重新处理。

三 学习拓展(投诉实例处理)

车辆清洗后,在擦车过程中车主发现车上有划伤怎样解决?

首先判断划伤产生的原因,是不是在我店擦车过程中造成的,还是意外(洗车前已经有的)。如图5-7所示,老旧的划痕因平时的灰尘污垢,颜色看上去较淡,已经不是非常明显。新划痕会露出底漆的颜色,因而看上去划痕会比较白。鉴定后无论结果是老旧的,或者是店里造成的都要进行相应的处理。

a)老旧的划伤　　　　　　　b)新划痕

图5-7　新旧划痕

一般的划伤,抛光打蜡就可以解决。如果为老旧的划伤,可以免费帮客户处理,可以增加客户的满意度与忠诚度,如果客户满意,也向客户可以推销下抛光、打蜡、封釉项目。如果是洗车中造成的,先进行处理。如果客户满意了,可以送点小礼品,从而来增加客户的忠诚度。假如客户仍然不满意,这种客户一般都会有敲诈的嫌疑,可以先跟客户商谈具体解决方法,如免费洗车几次等。

处理完客户事项后,应要彻底查找原因,找出出现事件的源头,及时处理,以免下次再次发生。

四 评价与反馈

1 自我评价

(1)通过本学习任务的学习你是否已经知道以下问题:

①业务接待员的作用。

②业务接待员的素质要求。

③业务接待员的职责。

④业务接待员的接待基本礼仪。

⑤业务接待员的具体工作要求。

⑥合同变更或解除的条件。

⑦客户投诉的异议处理技巧有哪些？

（2）通过本学习任务的学习，你认为自己的知识和技能还有哪些欠缺？

_____

_____

签名：_____　　　　_____年____月____日

❷ 小组评价

小组评价表见表5-7。

小 组 评 价 表　　　　表5-7

序号	评 价 项 目	评 价 情 况
1	着装是否符合要求	
2	礼仪是否得当	
3	填表是否正确	
4	处理客户投诉是否得当	
5	是否能保持学习、实训场地整洁	
6	团结协作情况	

参与评价的同学签名：_____　　　_____年____月____日

❸ 教师评价

_____

_____

教师签名：_____　　　　_____年____月____日

五 服务接待技能考核标准（表5-8）

服务接待技能考核标准表　　　　表5-8

序号	项目	操 作 内 容	规定分	评 分 标 准	得分
1	接车	安全防护	5	进入车辆是否安装保护套装	
		车辆的交接检查	5	记录信息是否全面，划痕损伤等是否记录	
		确认发动机是否关闭	5	是否有检查动作	
		确认检查设备工具的正常	5	是否有检查动作，并给出正确结论	
		确认举升机是否使用保险装置	5	是否有检查动作并给出检查结果	
		语言	15	用语是否礼貌	
		价格预估	5	是否对客户要求的项目进行价格的预算	
		迎客	5	是否帮客户开门	
		合同签订	5	对于超过1 000元以上项目是否签订合同	
		引导	5	是否引导客户进入休息区域	

续上表

序号	项目	操 作 内 容	规定分	评 分 标 准	得分
2	客户投诉	用语	5	对投诉客户的用语是否标准	
		场地安排	5	是否单独分开处理投诉客户	
		异议处理	5	是否使用异议处理技巧	
		平息客户愤怒	5	是否使用平息客户愤怒技巧	
		投诉处理结果	20	投诉处理的结果是否令客户满意	
	总分		100		

学习任务 6 员工管理培训

学习目标

⭐ **知识目标**

1. 了解汽车美容与装潢企业的机构设置及售后服务部门的组织结构;
2. 汽车美容与装潢企业中经理及服务部门各岗位的职责;
3. 汽车美容与装潢企业相关管理制度的内容。

⭐ **技能目标**

通过学习企业制度,上岗后能严格遵守并履行汽车美容与装潢企业内服务部门各岗位的职责。

建议课时

4 课时。

任务描述

小张的店经过几年的经营,店面也在不断地扩大,同时新员工也在不断地增加。随着战略人力资源管理时代的到来,员工培训开发在提升员工技能和素质、增强企业核心竞争力等方面具有重要作用。在我国,员工培训已逐渐在人力资源管理中成为一个不可或缺的环节。

一 知识准备

（一）员工培训的意义

（1）培训能增强员工对企业的归属感和主人翁责任感。就企业而言，对员工培训得越充分，对员工越具有吸引力，越能发挥人力资源的高增值性，从而为企业创造更多的效益。有资料显示，百事可乐公司对深圳270名员工中的100名进行一次调查，这些人几乎全部参加过培训。其中80%的员工对自己从事的工作表示满意，87%的员工愿意继续留在公司工作。培训不仅提高了职工的技能，而且提高了职工对自身价值的认识，并使他们能更好地理解工作目标。

（2）培训能促进企业与员工、管理层与员工层的双向沟通，增强企业向心力和凝聚力，塑造优秀的企业文化。不少企业采取自己培训和委托培训的方法。这样做容易将培训融入企业文化，因为企业文化是企业的灵魂，它是一种以价值观为核心对全体职工进行企业意识教育的微观文化体系。企业管理人员和员工认同企业文化，不仅会自觉学习掌握科技知识和技能，而且会增强主人翁意识、质量意识、创新意识。从而培养大家的敬业精神、革新精神和社会责任感，形成上上下下自学科技知识，自觉发明创造的良好氛围，企业的科技人才将茁壮成长，企业科技开发能力会明显增强。

（3）培训能提高员工综合素质，提高生产效率和服务水平，树立企业良好形象，增强企业盈利能力。美国权威机构监测，培训的投资回报率一般在33%左右。在对美国大型制造业公司的分析中，公司从培训中得到的回报率可达20%～30%。摩托罗拉公司向全体雇员提供每年至少40h的培训。调查表明：摩托罗拉公司每1美元培训费可以在3年以内实现40美元的生产效益。摩托罗拉公司认为，素质良好的公司雇员们已通过技术革新和节约操作为公司创造了40亿美元的财富。摩托罗拉公司的巨额培训收益说明了培训投资对企业的重要性。

（4）适应市场变化、增强竞争优势，培养企业的后备力量，保持企业永久经营的生命力。企业竞争说穿了是人才的竞争。明智的企业家愈来清醒地认识到培训是企业发展不可忽视的"人本投资"，是提高企业"造血功能"的根本途径。美国的一项研究资料表明，企业技术创新的最佳投资比例是5:5，即"人本投资"和硬件投资各占50%。人本为主的软技术投资，作用于机械设备的硬技术投资后，产出的效益成倍增加。在同样的设备条件下，增加"人本"投资，可达到投1产8的投入产出比。发达国家在推进技术创新中，不但注意引进、更新改造机械设备等方面的硬件投入，而且更注重以提高人的素质为主要目标的软技术投入。事实证明，人才是企业的第一资源，有了一流的人才，就可以开发一流的产品，创造一流的业绩，企业就可以在市场竞争中立于不败之地。

（二）员工培训的方式

员工培训分为职前培训、在职培训。

1 职前培训

新录用员工报到后应接受职前培训,无正当理由不得拒绝参加。培训结果将作为今后定职定级的参考。

(1)职前培训的目的。

①使新员工了解和掌握公司的经营目标,各项方针、政策和规章制度,尽早融合到员工队伍中去,顺利开始其职业生涯。

②使新员工尽早掌握工作要领和工作程序、方法,达到工作质量标准,完成岗位职责,创造提高公司经济效益和个人收入的条件。

(2)职前培训由人力资源部负责。

(3)职前培训的内容。

①讲解公司历史、现状、经营范围、特色和奋斗目标。

②讲解公司组织机构设置,介绍各部门人员。

③讲解各项工作要求、工作程序、工作职责,组织学习各项规章制度。

④介绍工作环境和工作条件,辅导使用设备、仪器。

⑤企业文化知识的培训。

⑥解答疑问。

⑦专业技术要求较强的岗位,由运营经理根据需要另行组织职前专业培训。培训计划及结果报人力资源部备案。

2 在职培训

1)在职培训的目的

(1)提高、完善员工的各项技能,使其具备多方面的才干和更高水平的工作能力,为工作轮换和横向调整以及日后的晋升创造条件。

(2)减少工作中的失误、工伤事故和灾害发生,降低失误造成的损失。

(3)减少员工工作中的消耗和浪费,提高工作质量和效率。

(4)提高员工的工作热情和合作精神,建立良好的工作环境和工作气氛。

(5)汽车美容与装潢的新技术培训。

2)在职培训的形式

(1)带教培训:各级主管及技术熟练者应随时施教,使员工不断地研究、学习本职技能,提高员工的能力。

(2)外送培训:视业务的需要,挑选优秀的员工参加培训机构的专业培训,回公司后将学习的内容传授给其他同事,或邀请专家学者来公司做专题培训。

(3)公司组织进行专业技能内部培训和技术讲座;培训课程设置分基础课和专业课。基础课指一些基本知识;专业课指与岗位相关的专业知识。针对某一专题开展技术讲座。

(4)为加强培训管理,使接受培训的员工更好地为公司创造效益。公司规定:对在培训过程中所获得和积累的技术、资料等相关信息(包括软、硬件),在培训后立即由档案室统一保管;不得私自拷贝、传授或转交给其他公司或个人。

二　任务实施

(一)企业组织机构

汽车美容与装潢企业机构设置:完善的组织机构能保障组织内众多人员步调一致、同心协力、向着一个目标前进。组织机构是企业实现战略目标和构造核心竞争力的载体,也是企业职工发挥各自优势而获得发展的平台。组织机构建立的目的是帮助企业围绕其核心业务建立起强有力的组织管理体系。组织机构中各部门人员的多少需要按各个岗位工作量安排。机构中各部门设有部门经理,各级组织都有各自的负责人,各部门经理向总经理负责。组织机构需要制度管理和人性化管理相结合,既要有铁的纪律,也要进行人性化的亲情管理。

常见汽车美容与装潢企业部门机构设置,如图 6-1 所示。

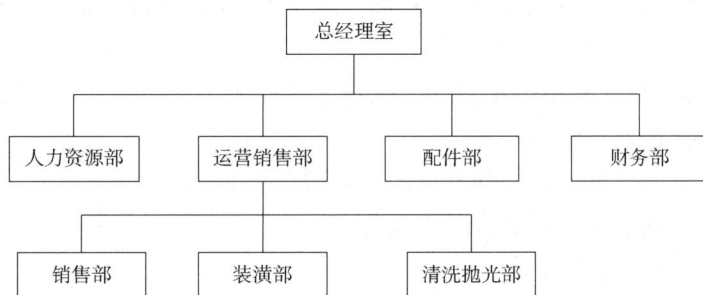

图 6-1　汽车美容与装潢企业部门机构设置

(二)汽车美容与装潢企业经理岗位职责

岗位职责指一个岗位所要求的、需要去完成的工作内容以及应当承担的责任范围,岗位是组织为完成某项任务而确立的,由工种、职务、职称和等级内容组成。职责,是职务与责任的统一,由授权范围和相应的责任两部分组成。工作分析和工作职能设计是人力资源管理的基本环节之一,汽车美容与装潢企业应指派或招聘资质合格的人员负责管理相应的工作部门。

① 总经理

1)职位概述

汽车美容与装潢企业总经理是企业的全面管理者,主要负责策划企业经营管理方案及其组织实施,并定期总结经营情况。

2)工作职责

(1)制订该企业的相应工作章程并使各项工作顺利开展。

(2)主管企业内部各项业务及对外开拓业务的宗旨。

(3)作为企业与其他企业的联络人。

(4)审核签发销售部门的相关报表和文件。

(5)负责接待和处理客户的重大投诉。

(6)对客户满意度的改进进行总体协调,保证业绩稳步提高。

(7)组织协调各部门完成各项任务。

(8)负责每年员工培训计划及后备人员储备计划的制订。

(9)负责企业各项工作跟踪运作。

(10)负责和保证企业整体工作流程运作和不断优化。

❷ 运营经理

1)职位概述

主持销售、售后服务部日常工作作事务,完成店各项销售、售后服务任务。

2)工作职责

(1)主持市场调研和销售计划的制订。制订、安排和协调售后服务工作的具体开展,协调业务接待、收银、配件供应之间的关系。

(2)严格按照店的运作标准的相关要求开展工作,控制管理及运行成本,完成内部拟订的业务指标。

(3)组织本部门员工开拓市场,开展促销和品牌宣传活动。

(4)做好业务统计分析工作。

(5)协调各部门之间的工作,与其他部门有效合作。

(6)主持销售、质量工作的客户投诉处理。

(7)对员工工作进行考核。

(8)定期与总经理进行各项业务的交流与沟通。

(9)负责制订本部门员工的培训计划。

(10)不断优化接待和售后投诉处理工作流程。

❸ 配件部经理

1)职位概述

主持配件部日常工作事务,跟踪、分析配件库存现状,保证配件库存的合理性,并确保配件的供应。

2)工作职责

(1)组织督促配件人员做好配件的管理与供应。

(2)根据每月的销售与库存情况制订采购计划。

(3)严格控制合理的仓库库存,将库存周转率控制在合理范围,加快资金周转,减少滞销品种及数量。

(4)参与重大配件质量事故及客户投诉的处理。

(5)协调好配件部与其他业务部门的关系,确保美容装潢业务的正常开展。

(6)负责配件的采购。

(7)负责企业内部各部门的沟通和交流,做好配件的与管理工作。

(8)负责配件部经济效益的分析,严格控制营运成本。

(9)负责制订本部门员工的培训。

（10）不断优化配件工作流程。

4 财务部经理

1）职位概述

主持财务部日常工作事务,保障企业资金链的顺畅,建立企业的财务体制,核定各类报表,对库存、成本核算及预算执行情况进行监督。

2）工作职责

（1）负责店的业务结算。

（2）负责店的成本核算及年度资金需求计划的制订。

（3）分析店的营运成本,控制各部门营运成本的上升。

（4）不断优化财务工作流程。

5 人力资源部经理

1）职位概述

主持人力资源部日常工作事务,负责企业人力资源的规划、配置和考核工作。

2）工作职责

（1）负责本企业各部门人力资源的调度与安排。

（2）负责每年员工培训计划及后备人员储备计划的制订。

（3）统计和考评各部门员工的业绩,参与职工的表彰和奖励。

（4）组织和实施企业员工的培训。

（三）汽车美容与装潢企业组织机构

汽车美容与装潢企业组织机构如图 6-2 所示。

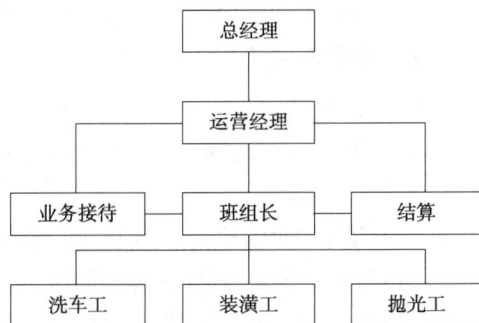

图6-2　汽车美容与装潢企业组织机构图

1 班组长

1）职位概述

在运营经理的领导下,根据车间下达的美容装潢计划,全面负责本班组范围内的管理工作。

2）工作职责

（1）主持本班全面工作,全面负责本班的安全生产、文明生产、设备管理、人员分工、劳动纪律和奖惩考核。

（2）服从运营经理的安排和调度。

（3）负责对客户车辆进行清洗与装潢,保证各工序的质量和进度。

（4）做好清洗与装潢的质量检查工作,及时办理交接车辆。

（5）负责解决本组工作中出现的质量问题,对于重大质量和技术问题,要及时报告运营经理,以便更好地与客户协商处理。

(6)负责班组之间的交接工作,应做到工完场清,生产记录齐全,交接完整有序、正确、清晰,并负责原始记录保存。

(7)负责与其他班组的工作协作。

(8)实施车间5S(整理、整顿、清扫、清洁、素养)行动计划,保持工作环境整洁有序。

❷ 装潢工

1)职位概述

根据班组长下达的美容装潢计划,完成车辆装潢任务。

2)工作职责

(1)认真按照安全操作规程进行操作,遵守各项安全生产的规章及制度。

(2)服从运营经理的安排和调度。

(3)负责制订合理的车辆装潢工艺方案。

(4)按照施工单的要求,认真、仔细地完成装潢工作。

(5)完工后通知班组长进行质量检验。

(6)协助运营经理,耐心、周到、热情地解答客户相关疑问,提高服务质量。

(7)负责美容装潢设备、工具的日常保管、清洁、维护工作。

(8)实施车间5S行动计划,保持工作环境整洁有序。

❸ 车辆清洗工

1)职位概述

根据班组长下达的美容装潢计划,完成车辆清洗任务。

2)工作职责

(1)认真按照安全操作规程进行操作,遵守各项安全生产的规章及制度。

(2)服从运营经理的安排和调度。

(3)按照施工单的要求,认真、仔细地完成美容装潢工作。

(4)完工后通知班组长进行质量检验。

(5)负责美容装潢设备、工具的日常保管、清洁、维护工作。

(6)实施车间5S行动计划,保持工作环境整洁有序。

❹ 抛光工

1)职位概述

根据班组长下达的美容装潢计划,完成车辆抛光任务。

2)工作职责

(1)认真按照抛光工艺安全操作规程进行操作,遵守各项安全生产的规章及制度。

(2)服从运营经理的安排和调度。

(3)负责制订合理的抛光工艺方案。

(4)按照施工单的要求,认真、仔细地完成抛光工作。

(5)完工后通知班组长进行质量检验。

(6)协助运营经理,耐心、周到、热情地解答客户相关疑问,提高服务质量。

（7）负责抛光设备工具的日常保管、清洁、维护工作。

（8）实施车间5S行动计划，保持工作环境整洁有序。

5 结算员

1）职位概述

负责业务结算工作。

2）工作职责

（1）记录车辆收款情况。

（2）负责车辆费用结算，严格执行财务制度，根据要求开具正式发票。

（3）整理复核日常车辆单据。

（4）建立车辆应收账款明细账。

（四）汽车美容与装潢企业管理制度

企业规章制度包括组织人事、经营核算、计划财务、企业发展等管理制度，它涉及供应、生产、销售等各个环节，人、财、物等各种要素。本课题简要介绍汽车美容与装潢企业的日常管理制度、人事管理制度和汽车美容与装潢业务管理有关的一些规章制度。

1 工作日和营业时间的规定

汽车美容与装潢企业的正常工作日和节假日的营业时间应明确规定，并在营业大厅醒目位置设置营业时间牌，使客户清楚、方便地知道企业的营业时间。

下述为某汽车美容与装潢企业营业时间。

1）8:00~8:15 班前准备

（1）车间准备：清洁工具、清洁地面、清理容器、更换工作服、移动夜间停放的车辆，便于工作的开始。

（2）配件部门整理好仓库缺件资料和需订货清单，做好办公室和仓库的内部清洁和整理工作。

2）8:15~8:30 班前晨会

总结前一天的工作作情况，布置当天的工作，与各部门进行相应信息交流。

3）8:30~17:30 工作时间

（1）中餐时间各部门安排值班人员，使企业运作照常进行，对有需要的客户安排中餐。

（2）17:30~19:30 车主一般都会在下班时间到店做洗车装潢，这期间需有人值班及预约服务。

4）节假日

各部门安排值班人员照常工作，24h热线电话保持畅通。

2 会议制度

建立明确的晨、夕、周、月会议制度，及时对工作中出现的各种问题进行沟通、总结，提高销量及顾客满意度。

1）服务经理负责组织晨、夕、周、月会议

每日 8:15~8:30 召开班前晨会,每个营业日结束召开夕会,每周五营业结束召开周会,每月最后一个工作日结束召开月会。

2）会议管理制度

所有会议应有考勤制度,并有专人进行会议记录,会议记录应有运营经理签字。

3）会议内容

会议时间不宜太长,晨会以激励和安排工作为主;夕会、周会、月会应分别对当天、当周、当月的工作进行总结。

❸ 汇报制度

每月对业务情况进行汇报,以便管理层及时采取针对性措施促进业务量的提高和工作程序的优化,为客户提供优良的服务,提高客户的满意度。

（1）运营经理向总经理递交服务经营月报表及改进业绩考核的改进计划。

（2）每月 5 日前递交上月的经营月报表。

（五）人事管理制度

人事管理权限仅为案例介绍,与企业实际不完全对应。

❶ 总经理权限

确定公司的部门设置和人员编制、一线经理的任免去留及晋级,决定全体员工的待遇。

❷ 人力资源部权限

（1）协助各部门办理人事招聘、聘用及解聘手续。

（2）负责管理公司的人事档案资料。

（3）负责公司人事管理制度的建立、实施和修订。

（4）负责薪资方案的制订、实施和修订。

（5）负责公司日常劳动纪律及考勤管理。

（6）组织公司平时考核及年终考核工作。

（7）协助各部门办理公司员工的任免、晋升、调动、奖惩等人事手续。

（8）负责公司各项保险、福利制度的办理。

（9）组织各部门进行职务分析、职务说明书的编制。

（10）根据公司的经营目标、岗位设置制订人力资源规划。

（11）负责劳动合同的签订及劳工关系的处理。

❸ 班组长权限

（1）提出部门人员需求计划。

（2）决定其直属下级员工的考核。

（3）建议本部门员工待遇方案。

（六）员工选聘

（1）各部门根据工作业务发展需要，经总经理核定，在编制内增加人员，按以下程序进行：

①进行内部调整，最大限度地发挥现有人员的潜力；

②从公司其他部门吸收适合该岗位需要的人才；

③到人力资源部领取《人员增补申请表》，报运营经理、人力资源部经理、总经理审批。

（2）各部门编制满员后如需要增加人员，填好《人员增补申请表》后，报总经理审批。

（3）上述人员的申请获得批准后，由人力资源部招聘所需人员。

（七）员工报到

（1）所有招聘录用的新员工正式上班当日先向人力资源部报到，并以其报到的日期作为起薪日。

（2）报到当天所有新员工须携带两张一寸免冠照片，身份证、户口簿的原件和复印件，学历证明原件和复印件，职称证明原件和复印件。

（3）报到当日，人力资源部应向新员工介绍公司概况以及有关人事管理的规章制度，并由人力资源部经理与其签订《试聘协议》，一式两份，一份由人力资源部存档，一份交试用员工自留。

（4）新员工办理完报到手续后，人力资源部负责领其到用人部门试用，由运营经理接收，并安排工作。

（5）人力资源部根据试聘合同中的工作级别填写《工资通知单》，一式两份，一份交财务部，一份由人力资源部备案。

（八）员工试用

（1）新员工试用期一般为3个月。新员工试聘期间可以请事假和病假，但试聘期按请假天数顺延。

（2）新员工在试用期间旷工一次或迟到早退累计3次（含3次）以上，即随时解聘。

（3）试用期的考核：

①新员工在试用期满后，人力资源部将《员工转正考核表》发给试用的新员工，新员工根据自身情况，实事求是地填写表中内容。

②部门主管根据新员工在试用期的表现，公正地评分并写出初核评语。

③人力资源部根据新员工在试用期间的出勤情况，如实填写考勤状况。

④考核结果根据初核评分和考勤状况确定。

（九）员工转正

用人部门根据考核结果，在新员工试用期满后一周内，做出同意转正、延长试用或不拟录用的决定，并将该《员工转正考核表》报请运营经理、人力资源部经理审批。

（十）员工录用

（1）被正式聘用的新员工，由人力资源部与其签订《员工聘用合同》，一式两份，一份由人力资源部存档，一份交新员工自留，聘用日期及正式工资的起算日期自试用期满之日计算。

（2）人力资源部根据《员工聘用合同》填写《工资通知单》，一式两份，一份交给新员工本人，一份由人力资源部存档。

（3）聘用期满如不发生解聘和离职情况，将继续聘用。员工如不续聘，须在聘用期满前15天书面通知人力资源部。

（十一）员工培训

员工培训分为职前培训、在职培训，具体见学习任务6。

（十二）员工行为准则

❶ 服从

员工应服从公司的组织领导与管理，对未经明示事项的处理，应请示上级，遵照指示办理。

❷ 团队合作

要善于协调，融入集体，有团队合作精神和强烈的集体荣誉感，分工不分家。

❸ 高效

讲究工作方法和效率，按质、按量、按时完成工作。

❹ 学习与创新

员工要具备创新能力，通过培养、学习新知识使个人素质与公司发展保持同步。

❺ 工作时间五不准

（1）不准聊天、吵闹。

（2）不准无故离岗、串岗。

（3）不准上班时间办私事。

（4）不准迟到、早退、旷工。

（5）不准渎职、失职、贻误工作。

（十三）晋升制度

（1）为提高员工的业务知识及技能，选拔优秀人才，激发员工的工作热情，特制定此办法。

（2）每月人事考核成绩一直为优秀者的，再考察该员工的以下因素：

①具备较高的职位技能；

②有关工作经验和资历；

③在职工作表现及品德；

④完成职位所需要的有关训练课程;

⑤具有较好的适应性和潜力。

考察后作为后备干部储备。

(3)职位空缺或需要设立时,优先考虑后备干部储备人员。

(十四)奖惩

1 记功授奖

企业对以下情形之一者,予以记功授奖:

(1)在保护企业财产物资安全方面做出突出贡献的。

(2)业绩突出,为企业带来明显效益的。

(3)在某一方面表现突出,为企业楷模的。

(4)其他制度规定应予记功授奖的。

记功授奖方式有:授荣誉、通报表扬、奖金等。

2 记过处罚

企业对以下情况之一者,予以记过处罚:

(1)利用工作之便谋取私利,贪污、盗窃、殴斗、诈骗、索贿、受贿、私吃回扣、经手钱财不清、拖欠钱财不偿还、违反企业财务制度。

(2)企业遭遇任何灾难或发生紧急事件时,责任人或在场员工未能及时全力挽救。

(3)在企业外的行为足以妨碍其应执行的工作及企业声誉或利益。

(4)恣意制造内部矛盾,影响企业团结和工作配合。

(5)怠慢顾客,给企业形象带来损害。

(6)玩忽职守、责任丧失、行动迟缓、违反规范、给企业业务或效益带来损害。

(7)严重违反企业劳动纪律及各项规章制度。

(8)窃取、泄露、盗卖企业经营、财务、人事、技术等机密者。

(9)触犯企业其他制度。

记过处罚方式有:辞退、警告、通报批评、罚款等。若员工行为给企业造成重大损失或触犯国家法律法规,将追究当事人法律责任,企业有权起诉;奖惩记录,纳入人力资源档案管理内容。

(十五)离职与解聘

(1)员工要求调离本企业,应提前15天向该运营经理提出书面离职申请,在未得到批准前,应继续工作,不得先行离职。

(2)企业根据员工的表现或经营策略,需要解聘员工,应提前15天通知被解职的员工。

(3)员工因违反了企业规章制度或试用不合格而被解聘的,应由所在部门主管填写员工退工申请,报人力资源部批准,一线经理以上人员的解聘,须上报总经理批准。由人力资源部存档,并通知被解聘人员办理离职交接手续。

(4)上述各种原因结束聘用或试用关系的员工,在接到正式通知后,均应向人力资源部领取《移交工作清单》,按该清单要求,在离开企业之前办完有关工作移交手续,其应领取的工资,应于上述手续办妥后再予发给。

(5)对于须依赖较长时期积累经验方可熟练操作的岗位,人员离职前应教会企业安排的其他人掌握该岗位的技能。

(十六)业务管理制度

❶ 业务接待制度

(1)业务接待员应提前15min到岗,做好准备工作。

(2)业务接待场所应保持整洁,不得摆放杂物。

(3)客户休息室设施和器具应摆放整齐,保持干净,本企业员工不得动用。

(4)业务接待员上岗应穿企业统一服饰,并佩戴胸卡。

(5)接待用户应文明礼貌、主动热情,不使客户久等。

(6)对客户阐述的意见和提出的要求,应认真听取,耐心答复。

(7)对车辆应作详细检查,并做好记录,重要物品应妥善处理。

(8)车辆档案应记录完整,保存完好。

❷ 明码标价制度

(1)凡与客户有关的收费服务项目及价格,必须以显示板或公告形式,设置与张贴在客户休息区。

(2)严格执行美容装潢行业、工商管理部门制定的价格体系,不准擅自提价、降价。

(3)杜绝欺诈行为,杜绝不正当竞争行为,以诚待客,诚信经营。

❸ 费用结算制度

(1)费用的结算应当坚持实事求是的原则,不得弄虚作假。

(2)费用的结算工作由结算员担任,不得由其他人员替代。

(3)结算员对车辆施工项目和领用配件应详细审核,并填写清单。对有疑问的应当了解清楚后再予结算。

(4)对车辆使用的配件数量、价格及购进地应详细分列,分别核算相关费用。

(5)结算员应不断加强自身业务学习,防止产生收费纠纷。对形成的各种结算单证、及时整理归档,以备查验。

❹ 设备管理制度

(1)设备操作人员在独立使用设备前,须掌握该设备的操作技能。

(2)设备使用应定人定机,对公用设备由专人负责维护。

(3)设备操作人员要养成自觉爱护设备的习惯。班前班后认真擦拭设备及注油润滑,使设备经常保持良好的润滑与清洁状态。

(4)操作人员要遵守设备操作规程,合理使用设备,管好设备附件。

(5)对私自操作设备的人员,要进行严肃的批评教育,由此发生的一切后果由私自操作者负责。

(6)设备管理员应根据设备维护要求以及设备技术状况制订设备和测量装置的维护细则、维护周期和检定周期。

(7)设备维护人应严格按照常规美容装潢设备检查维护周期进行维护,做好记录,交设备管理员验收。

(8)设备美容装潢以外修为主,本企业操作人员配合,设备管理员做好美容装潢记录。

(9)设备发生故障应及时停机,使用部门应立即通知设备管理员或企业负责人,请修理人员检查排除故障。当修理人员在排除故障时,操作人员应积极协助修理人员排除故障。

(10)对使用年久、部件严重损坏,又无法修复和没有改造价值的设备,可办理报废手续,报请企业负责人批准。

(11)对设备的检查、维护、修理应做好所有记录,由设备管理员归档,以便检查。

5 配件管理制度

(1)自觉遵守各项管理制度,严禁闲杂人员进入配件库房。

(2)及时做好供方的选择、评审工作。根据生产需要,及时编制采购计划单,计划单经负责人签字同意后即按单就近采购。

(3)材料及零配件进库前要验收,未经验收或验收不合格的不准进库,不准使用。

(4)材料入库后要立卡、入账,做到账、卡、实物相符。

(5)材料应分类、分规格堆放,保持整齐有序。

(6)保持仓库整洁,做好材料及配件的防锈、防腐、防盗工作,做好仓库的消防工作。

(7)仓库每个月进行一次清仓盘点,消除差错,压缩库存。

6 质量检验制度

(1)检验采用自检、互检和专职检验相结合的方法。

(2)班组设专职检验员,班组装潢车辆的关键项目进行检验,并负责其他项目的抽验工作。

(3)各级检验人员应认真做好检验记录并及时整理,交专门人员归档保存。

(4)检验人员应不断加强自身学习,深刻领会相关技术标准,积极采用新工艺、新技术,并指导新进人员提高操作水平。

7 技术档案管理规定

(1)技术档案指本店进行生产经营活动所用的一切重要图片、图纸、光碟、图书、报表、技术资料、有关设备的文字说明等技术文件,整理后归并文件档案。

(2)技术档案有车间、办公室基建档案,技术标准、规程、工艺文件、统计报表等生产技术档案,设备档案和科研产品开发档案。

(3)技术档案室由技术部门负责建立、保管、运用或提供使用。保管工作由技术部指定专人负责。

（4）每当档案资料进入本店，技术部应在一周内建立档案。建档时要分类编号，登记立卷归档，并进行必要的整理，编制卡片，以利查阅。

（5）技术档案不外借。内部人员办理借阅手续后，可以借阅，但属秘密的资料不得外借，不得随便复印。技术档案阅后要及时归还并办理归还手续。

（6）技术部定期对技术档案进行鉴定，确定保管年限，及时销毁失去使用价值的档案。

8 车辆档案管理制度

（1）档案存放要有序，方便查找，并应做好"六防"工作，即防盗、放火、防潮、防鼠、防尘、防晒，保持档案存放处清洁卫生。

（2）不准损毁、涂改、伪造、出卖档案，档案资料如有损坏应及时修补。

（3）根据档案的内容、性质和时间等特征，对档案进行分类整理、存放、归档，并按内容和性质确定其保存期限，电子档案要及时备份。

（4）班组负责人要对本部门使用的档案资料的完整性、有效性负责，在现场不得存有或使用失效的文件、资料。

（5）班组每年对档案进行一次核对清理，并将所保存的档案整理后交办公室统一归档。已经到保管期限的文件资料，出办公室按规定处理。

（十七）安全环保制度

1 安全生产制度

（1）安全生产是店管理的一项重要工作，必须有人兼管安全工作。

（2）各部门和各级人员要认真执行安全生产责任制，遵守安全操作规程和各项安全生产规定。

（3）管生产必须管安全，要做到在计划、布置、检查、总结、评比生产工作的同时，抓好安全工作。

（4）在生产过程中，对违章操作或不安全的作业，安全值班人员应及时纠正违章操作或采取有效措施，防止事故的发生。

（5）生产工作区域，均属禁烟区，一律禁止吸烟。

（6）各工种生产作业完毕，应切断电源、清理场地、关闭门窗、清除隐患，经检查确无危险因素后，方可离开。

2 环境保护制度

（1）认真贯彻执行"预防为主、防治结合、综合治理"的环境保护方针，遵守国家《环境保护法》、《大气污染防治法》、《环境噪声污染防治法》等有关环境保护的法律法规、规章及标准。

（2）积极防治废气、废水、废渣、粉尘、垃圾等有害物质和噪声对环境的污染与危害，按生产工艺安装、配置"三废"处理、通风、吸尘、净化、消声等设施。

（3）定期进行环境保护教育和环保常识培训，教育职工严格执行各工种工艺流程、工艺规范和环境保护制度。

(十八)客户投诉受理制度

(1)客户投诉受理工作由分管经营的负责人负责,必要时指定专人承办。

(2)受理人员对客户的投诉应耐心听取,详细记录,明确答复期限。

(3)对客户的投诉内容,按下列原则由相关人员负责处理答复:

①对员工服务质量的投诉,由店负责人或指派专人进行调查;

②对美容装潢质量的投诉,由总检验员负责调查;

③针对收费价格的投诉,由分管经营的负责人或指派专人进行调查。

(4)按照行业管理部门要求,向客户公开投诉电话,主动接受社会监督。

三　评价与反馈

❶ 自我评价

(1)通过本学习任务的学习你是否已经知道以下问题:

①美容装潢企业机构设置。

②美容装潢企业服务部门组织机构。

③美容装潢企业管理制度。

④总经理的工作职责。

⑤班组长的工作职责。

⑥业务接待的制度。

(2)通过本学习任务的学习,你认为自己的知识和技能还有哪些欠缺?

_____

_____

签名:_____　　　_____年____月____日

❷ 小组评价

小组评价表见表6-1。

小 组 评 价 表　　　　　　　　表6-1

序号	评 价 项 目	评 价 情 况
1	着装是否符合要求	
2	是否遵守学习、实训场地的规章制度	
3	是否能保持学习、实训场地整洁	
4	团结协作情况	

参与评价的同学签名:_____　　　_____年____月____日

❸ 教师评价

_____

_____

教师签名:_____　　　_____年____月____日

四 员工管理技能考核标准（表6-2）

员工管理技能考核标准表

表6-2

序号	项目	操 作 内 容	规定分	评 分 标 准	得分
		企业组织机构	20	是否能回答出企业的组织机构	
		岗位职能	20	是否能回答出企业经理的岗位职责	
		员工行为准则	20	是否能回答出员工行为准则	
		培训分类	20	是否能回答出员工培训的分类	
		安全环保制度	20	是否能回答出企业的安全环保制度	
	总分		100		

学习任务7　财 务 管 理

学习目标

★ 知识目标

1. 掌握财务管理的含义；
2. 掌握财务管理的基本内容和基本环节；
3. 了解筹资管理、权益资本筹资基本内容；
4. 了解财务分析的意义和内容。

★ 技能目标

1. 能简述企业财务管理的意义；
2. 能简述企业财务管理的各个环节；
3. 能简述企业财务管理的日常实施主要内容。

建议课时

4课时。

任务描述

　　小张为扩大经营规模，决定引入合伙人筹集资金。为了让合伙人清楚资金筹集，小张对企业经营合伙人的资金筹集登记办法、税务登记、法律咨询等进行规范讲解,明确企业的财务管理制度。

一　知识准备

财务管理制度是企业实施经营管理活动,对财务管理体系建立、维护;对会计核算与监督的制度保障。订立原则依据国家现行有关法律、法规及财会制度,并结合企业具体情况制定,在实际工作中起规范、指导作用。随着现代经济的迅速发展,财务管理成为企业管理的重要组成部分。

伴随企业生产经营过程,各种物资如耗用的材料、备品配件等不断的运动,其价值形态的运动变化形成了资金运动,其资金运动的形态主要表现为货币资金、生产储备资金等。企业资金的运动,构成企业经济活动的一个独立方面,具有自己的规律性,这就是企业的财务活动,主要包括资金筹集、资金的投放与使用、资金收入与分配等活动。企业的财务活动贯穿于企业经营过程的始终,在组织各项财务活动的过程中,必然同各方面发生广泛的联系。这种存在于企业资金运动中的、与各有关方面发生的经济利益关系,称为财务关系。企业财务活动及所体现的财务关系的总和构成企业财务。

作为企业管理的重要组成部分,财务管理正是基于企业再生产过程中客观存在的财务活动和财务关系而产生,是企业组织各项财务活动、处理各方面财务关系的一项经济管理工作。企业财务管理的基本内容包括筹资管理、投资管理、利润分配管理。

财务管理的基本环节是指财务管理工作的各个阶段与一般程序,包括财务预测、财务决策、财务计划、财务控制、财务分析。

① 筹资管理

1)企业筹资的含义

企业筹资是指企业作为筹资主体,根据其生产经营、对外投资和调整资本结构等需要,通过一定的筹资渠道、采用一定的筹资方式,经济有效的筹措和集中资本的活动。企业的设立、生产经营和对外投资都需要进行筹资。企业筹资管理是企业财务管理的主要内容。

2)企业筹资的目的

企业筹资的目的包括:

(1)筹集资金以设立企业。

(2)筹集资金以扩大企业经营规模。

(3)筹资以调整企业资本结构。

3)企业筹资的渠道与方式

企业的筹资渠道是指企业筹集资本来源的方向与通道。筹资方式是指企业取得资金的形式和工具。资金从哪里来和如何取得资金,既有联系又有区别。一定的筹资方式,可能只适用于某一特定的筹资渠道,但同一渠道的资金,往往可采用不同方式取得,而同一筹资方式又往往适用于不同的筹资渠道。企业的筹资渠道可归纳为以下7种:

(1)政府财政资金。

（2）银行信贷资金。

（3）非银行金融机构资金。

（4）其他法人资金。

（5）企业内部资金。

（6）民间资金。

（7）国外和我国港澳台资金。

企业的筹资方式可归纳为以下 7 种：

（1）吸收直接投资。

（2）发行股票。

（3）利用留存收益。

（4）银行借款。

（5）发行债券。

（6）利用商业信用。

（7）租赁筹资。

2 权益资本筹资

1）企业的资本金制度

企业资本金是指企业在工商行政管理部门登记的注册资金。资本金按投资者主体可分为：国家资本金、法人资本金、个人资本金、外商资本金等；按资本的性质可分为法定资本金、注册资本金、实收资本金、资本公积金、盈余公积金等。其中，法定资本金是指开办企业时法定具备的资本金（指开办企业时必须有的最低限额资金）。《中华人民共和国公司法》对不同性质、从事不同经营活动的法定资本都做了具体规定；注册资本金是指企业登记注册时的申报资本金；实收资本金是指实际收的投入资本金。一般来说，实收资本金也是注册资本金，但对于分期投资的合资企业来说，在尚未缴足投资额之前，其实收资本金将小于注册资本金。

资本金制度是国家对于企业设立或存续期间，关于资本筹集、运作、管理以及所有者权益等的制度规定。

资本金制度的内容主要涉及法定资本金的数量要求、资本金的筹集方式、筹集期限、无形资产出资限额、验资及出资证明、出资违约及其责任等。

2）普通股筹资

普通股是股份有限公司发行的代表着股东享有平等权利、义务的凭证，对普通股股票没有特别限制，股利也不固定，是最基本的股票。普通股的基本特征有：

（1）没有到期期限，不能直接回收股本。

（2）股利具有不确定性。

（3）是权益性证券。普通股的持有者是公司的股东，享有作为股东的权利也承担相应的责任。普通股东的权利主要有：公司的管理权，包括表决权、查阅权、监督权、组织越权的权利；分享盈余权；股份转让权；优先认股权；剩余财产要求权。股东的责任主要是以出资额为限对公司债务承担有限责任。

3）优先股筹资

优先股是具有某种优先权的股票，是股东权益的组成部分，具有债券与股票的双重特性。

（1）优先股具有一定的优先权，即优先取得股息，优先分配公司的剩余财产等，故优先股的风险比普通股要小。

（2）优先股的股息预先确定，从公司税后利润中支付。

（3）优先股没有到期期限。

（4）优先股没有参与公司经营管理权限。

4）债务资本筹资

（1）借款。借款是指企业向银行或其他金融机构借入的各类款项。企业借款按不同的分类标准，可分为以下类别：

①按借款占用期限的不同而分为短期借款、中期借款和长期借款。

②按借款人提供保障的方式可分为信用借款、保证借款、抵押借款、质押借款和票据贴现。

借款筹资的优点是：筹资速度快、成本低，借款弹性好。借款筹资的缺点是：财务风险较大、限制条款较多、筹资数额有限。

（2）商业信用。商业信用是指商品交易中由于延期付款或预收贷款而形成的借贷关系，是企业间的一种直接信用行为。商业信用是企业广为采用的一种筹资方式。商业信用具有以下特点：

①商业信用是在商品买卖或提供劳务过程中双方协商而形成的。市场经济越发达，商业信用越普遍。

②商业信用筹资限制条件少，使用方便。

③企业取得商业信用是建立在其财务信誉基础上的，企业的信誉程度和经营规模决定了商业信用的可能性及数量大小。

商业信用的形式有应付账款、应付票据和预收账款。

（3）银行借款。银行借款是企业根据借款合同向银行（以及其他金融机构，下同）借入的款项。分短期银行借款和长期银行借款。短期银行借款指期限在 1 年以内的借款。我国目前短期借款按借款的目的和用途分为周转借款、临时借款、结算借款和贴现借款等。按照国际惯例，短期银行借款按有无担保分为信用借款（无担保借款）和抵押借款（担保借款）；按偿还方式分为一次偿还和分期偿还借款。企业长期借款有银行长期借款和非银行金融机构长期借款。长期借款偿还期限在 1 年以上，按用途分基本建设借款、专项借款等。

（4）发行公司债券。公司债券是指企业依照法定程序发行，约定在一定限期内还本付息的有价证券。债券是一种确定债权债务关系的凭证。企业发行债券的目的是向社会筹集闲散资金，以解决企业中长期资金的不足。

公司债券有确定的期限，到期必须归还本金；债券的利息在发行时就预先确定，并保证按期支付利息。

公司债券的种类:

①按有无抵押担保分为信用债券、抵押债券和担保债券。

②按是否记名分为记名债券和无记名债券。

③按期利率的变动性分为固定利率债券和浮动利率债券。

④按债券可否上市流通分为上市债券和非上市债券。

(5)融资租赁与经营租赁。租赁是出租人将其财产出租给承租人使用,并由承租人按期交付租金作为报酬的一种经济行为。租赁是一种信用行为,反映了以物为媒介的借贷关系,是企业筹资的一种方式。租赁主要分为融资租赁和经营租赁两种形式。

融资租赁也称为筹资租赁、资本租赁等,是由租赁公司按照承租企业的要求融资购买设备,并在契约或合同规定的较长期限内提供给承租企业使用的信用性业务,它是以融资为主要目的的租赁方式。承租人按照租赁合同在资产寿命的大部分时间内可以使用资产,出租人收取租金,但不提供维护、保养等服务,承租人在租赁期内对资产拥有实际控制权,并按企业财务制度提取折旧,租赁期满后,租赁物通常归承租人所有。

融资租赁的优点主要是:筹资速度快、限制条件少、资产淘汰风险小、税收负担轻和财务风险小。融资租赁的缺点主要是:资金成本高,租金额通常要高于资产价值量30%。

经营租赁也称营业性租赁,是指以不转让租赁财产所有权为前提的中短期租赁。在经营性租赁中,出租人不仅要提供资产的使用权,而且应提供重大的维修和财产保险等服务。承租人获得财产的使用权,并且按租赁协议支付租金,维护租赁物的安全性,提供日常的维护保养,租赁期满归还租赁物。

二 任务实施

❶ 企业的投资管理

1)投资的定义

企业投资是指企业投放财力于一定对象,以期望在未来获取利益的经济行为。在市场经济条件下,企业是否有效地利用所筹集到的资金,把它们充分投放到收益高、回收快、风险小的项目上去,使有限的资金发挥最大的作用,对企业的生存和发展是十分重要的。

投资从不同角度进行分类,可分为长期投资与短期投资、直接投资与间接投资、企业内部投资与外部投资、初创投资与后续投资。

2)企业投资的资产组合

企业资产可以分为流动资产和非流动资产两大类,这两类资产在企业投资总额中所占的比重称为企业资产组合。非流动资产项目主要有固定资产、无形资产、对外长期投资等(以下用固定资产代表非流动资产)。不同的资产组合对企业收益和风险会产生不同的影响。

❷ 流动资产投资管理

1)流动资产的定义

所谓流动资产,是指在企业的一个营业周期内(如1年)可以直接变现、直接流通使用的资产。其消耗可以一次性的记入成本,并可以直接从企业的经营服务收入中得到补偿。流动资产包括货币资金、应收和预付项及可变现的存货资产。短期投资从性质上讲,应属于流动资产的范围,但《企业财务通则》把它放在对外投资中作出规定。流动资产的价值表现就是流动资金。

(1)货币资金。货币资金是流动资金中最活跃的项目,它是企业生产经营活动中处于货币形态的资金,包括现金、银行存款和其他货币资金。

(2)应收、预付款项。应收款项是指企业因对外销售产品、材料或提供劳务等应收款等;预付货款是指预先支付给供货单位的货款。

(3)存货。存货是指企业在生产经营过程中为销售或耗用而储备的物资。汽车美容与装潢企业需要储备较多的配件、原材料和工具等。

流动资产的特点是流动性大、周转期短并不断改变其形态,它一次性消耗和转移价值,一次性收回补偿,并随着资金的周转循环不断改变其价值。

2)现金管理

现金是流动性最强的流动资产。企业拥有一定数量的现金会降低企业的财务风险,增强企业资产的流动性和债务的可清偿性。

现金管理的目的,实在保证企业生产经营所需现金的同时,节约使用资金,并从暂时闲置的现金中能够获得最多的利息收入。企业的库存现金没有收益,银行存款的利率也远远低于企业的资金利润率,现金结余过多,会降低企业的收益,但现金太少,又会出现现金短缺,影响生产经营活动。现金管理应力求做到既保证企业交易所需资金,降低风险,又不使企业有过多的闲置的现金,以增加收益。

3)应收款管理

应收款是指企业因销售产品或提供劳务而应收回的款项。它是一项重要资产,能增加企业在市场上的竞争能力,扩大所需销售,但也会增加成本,扩大风险,必须加强管理。

4)存货管理

存货管理包括:

(1)存货的含义。存货是指企业在日常生产经营过程中为生产和销售而储备的物资。企业存货占流动资产的比重较大,对企业财务状况影响较大。进行存货管理的目的,就是要尽力控制存货水平,降低存货成本,在存货成本与存货效益之间进行权衡,达到两者的最佳的结合。

(2)存货成本。包括采购成本、订货成本和储存成本3种。

①采购成本。采购成本主要包括买价、运杂费等,一般与采购数量成正比。

②订货成本。是指为订购材料、备品配件等物资而发生的成本,一般与订货的数量无关,而与订货的次数有关。要降低订货成本就要减少订货次数。

③存储成本。是指在物资存储过程中发生的仓储费、搬运费、保险费、占用资金支付的利息等。一定时期内的存储成本总额,等于该期间内平均存货量与单位存储成本之积。要降低存储成本,需要减少存储数量。

3 长期资产投资管理

长期资产也称非流动资产,包括固定资产、递延资产、对外投资、无形资产、其他资产等,其中固定资产、无形资产是其中的主体部分。

1)固定资产的定义

固定资产是指使用期限在一年以上,价值达到一定标准,并且在使用过程中能保持其原来物质形态的资产。

固定资产的特点是使用时间较长,能多次参加生产经营过程,且不明显改变其实物形态,其价值补偿和实物更新时间不一致。固定资产的价值补偿是随着固定资产折旧而逐步完成的,而固定资产更新则是在其技术经济寿命终了时进行的。

现行制度对固定资产是按其经济用途和使用情况进行综合分类的。采用这一分类方法,可把企业的固定资产分为 7 大类:生产经营用固定资产、非生产经营用固定资产、租出固定资产、不需要固定资产、未使用固定资产、土地和融资租入固定资产。

固定资产的计价方法有 3 种:按原始购置成本计价、按重置完全价格计价和按净值计价。

固定资产折旧是指固定资产在使用过程中逐渐损耗而转移到费用中去的那部分价值。固定资产损耗分有形损耗和无形损耗两种。有形损耗是物质损耗,无形损耗也称为精神损耗,是由于科学技术进步和劳动生产率提高,采用新设备而引起原固定资产贬值损失。企业固定资产折旧的方法有直线法、工作量法、加速折旧法等。

2)固定资产的日常管理

为了提高固定资产的使用效率,保护固定资产的安全完整,必须做好固定资产的日常管理工作,主要包括以下几方面:

(1)实行固定资产的归口分级管理。

(2)健全固定资产核算记录。

(3)按财务制度规定计提固定资产折旧。

(4)合理安排固定资产的修理。

(5)科学地进行固定资产的更新。

(6)定期考核固定资产的使用效果。

3)无形资产及其他长期资产的投资管理

无形资产是指没有实物形态的资产,一般具有较大的经济价值,可以较长时间使用(一般在一个以上会计期间),给企业带来较大经济效益,无形资产提供的经济效益,具有较大程度的不确定性。企业持有无形资产的目的是用于生产商品或提供劳务,出租给他人,或为了管理,而不是为了对外销售。脱离了生产经营活动,无形资产就失去其经济价值,无形资产是企业有偿取得的。无形资产主要包括:专利权、商标权、著作权、土地使用权、非专利技术和商誉等。

根据实际成本原则,无形资产依据实际取得成本计价。

其他长期资产主要指递延资产,是指不能全部计入当年损益而应当在以后年度内分期摊销的各项费用。递延资产实质上是一种费用,但由于数额较大,受益期较长,需要在一年以上的时期内分期予以摊销。主要包括:开办费、经营租赁入固定资产改良支出和其他递延资产。

❹ 企业损益管理

1)成本管理

(1)成本、费用的定义。

企业在生产经营活动中,各种物化劳动耗费和活动耗费虽然都表现为企业的支出,但又有成本和费用之分。成本,也称生产经营成本,是指产品(包括劳务)在生产经营过程中各种直接耗费的货币支出量的总和。费用是企业生产经营中发生的各项消耗的货币支出量的总和。费用是企业生产经营中发生的各项消耗的货币表现。企业的费用,虽然是围绕产品生产经营发生的,却不一定是产生成本。费用是一定确定发生的,却不一定是产品成本。费用是一定确定的发生额,与时间发生关系;而成本按一定的计算对象(如某种产品、某项劳务)归集,与成本对象发生关系。有些费用是计算成本的基础,费用根据发生的原因和目的归集分配后,属于某产品或劳务负担,这部分费用才成为产品成本。因此,费用是成本构成的要素,而成本是对象花了的费用。

(2)汽车美容与装潢企业的经营成本。

汽车美容与装潢企业的经营成本是指企业从事汽车美容与装潢作业的生产成本。企业的产品成本可按费用要素分类,可分为:

①外购原材料与外购半成品。

②外购燃料与动力。

③职工工资。

④职工福利基金。

⑤固定资产折旧费。

⑥固定资产大修理基金。

⑦其他费用(如差旅费等)。

这种分类可以反映企业在一定时期内各项生产费用的支出情况,以利于分析各个时期生产费用的支出水平,便于核定流动资金和编制材料采购计划。

汽车美容与装潢企业的经营成本中包括直接成本和间接成本两类。直接成本是指汽车美容与装潢过程中直接消耗的材料费用和人工费用,包括直接材料费用,直接人工费用、其他直接费用。间接成本是指在汽车美容与装潢过程中间接发生的材料费用及人工费用,包括企业非直接生产人员(包括管理人员)的办公费、差旅费、工资、奖金、津贴及补贴、职工福利费、保险费、试验检查费、劳动保护费,生产厂房维修费、取暖费、水电费、运输费、机具设备的租赁费、折旧费与修理费,辅助性机修车间所发生的各种费用等。

2)汽车美容与装潢企业的成本管理与经济核算

加强汽车美容与装潢企业的成本管理与费用管理可以减少成本与费用开支,提高经济效益,增强企业的生产竞争能力。

（1）成本管理。汽车美容与装潢企业的成本管理内容包括：成本预测、成本计划、成本控制、成本核算、成本信息、成本分析、成本检查等。应重点抓好以下各项：

①落实成本管理责任制，明确各职能人员的岗位责任。

②加强定额管理（抓好各项技术经济定额的制定和修订），并严格考核各职能部门的定额执行情况。

③合理确定成本目标，抓好成本预测，编制成本与费用计划；同时实施分级归口管理，随时追踪和监督检查成本费用的执行情况。

④严格按成本计划开支，严格控制生产费用与生产成本。既不得将不属于成本开支范围的费用列为成本，也不得将应该列为成本的费用由其他费用开支。

⑤定期进行企业的技术经济活动分析，抓好企业的成本分析，严密组织企业内部的成本核算。

（2）加强企业内部经济核算。所谓企业经济核算，是利用会计核算，借助于价值形式，对企业中物化劳动和活动耗费进行的统计、监督和比较，并对企业的生产经营管理成果进行的考核和分析。

实行全面经济核算是企业实施现代企业管理、提高企业经济效益的重要原则。为了加强企业内部的全面经济核算，就要准确地反映企业生产成本和正确地核算企业经济效益。

3）营业收入管理

营业收入，是指在企业生产经营过程中由于提供了汽车美容与装潢劳务或者开展了多种经营而取得的经济收入，是企业在一定时期生产经营成果的表现。汽车美容与装潢企业的营业收入由主营业务收入和其他业务收入两部分组成。

4）企业的利润和利润分配管理

企业的利润是企业在一定经营期内，通过汽车美容与装潢服务、配件营销等所取得的财务成果，它综合地反映了汽车美容与装潢企业各项技术经济指标的完成情况以及企业生产经营管理的经济效益。

（1）企业利润的计算。企业的利润计算公式为：

利润总额 =（营业利润 + 投资净收益 + 营业外收支净额）－
营业外支出的企业管理费用和财务费用

营业利润 =（汽车美容与装潢业务利润 + 其他业务利润）－ 管理费用 － 财务费用

其他业务利润 = 其他业务收入 － 其他业务支出

其中：

企业利润 = 企业收入 －（汽车美容与装潢成本 + 汽车美容与装潢经营费用 +
营业税及附加费）

投资净收益 = 投资收益 － 投资损失

营业外收支净额是指与企业的主营业务无直接关联的额外收入（即营业外收入减去营业外支出后的收入），例如固定资产的盘盈或出售的净收入、罚款收入、教育附加费返还等。营业外支出是指企业的主营业务无直接关联的额外支出，例如固定资产盘亏和报损、非正常原因的停工损失费、急救和捐赠、赔款与违约金等。

（2）企业利润的分配。利润分配是企业按照国家有关法律、法规以及企业章程的规定,将实现的利润的在企业与企业所有者之间、企业内部的有关项目之间、企业所有者相互之间进行分配的行为。企业利润的分配原则:

①按照现行税法规定,缴纳企业所得税。

②在缴纳所得税后的税后利润中,按照下列次序和原则实行分配:

a. 支付被没收的财产损失,支付滞纳金和罚款;

b. 弥补以前年度的亏损;

c. 提取法定盈余公积金;

d. 提取法定公益金;

e. 向投资者分配利润。

三　学习拓展

（一）财务分析

财务分析是以企业财务报告反映的财务指标为主要依据,对企业的财务状况和经营成果进行评价和剖析,为企业投资者、经营者、债权人和社会其他有关方面提供企业财务信息的一项财务管理活动。企业财务分析的基本内容主要包括:企业偿债能力分析、企业资产运营能力分析、盈利能力分析和企业财务状况综合分析。

财务分析的基本方法:有差额比较法、结构比较法、比率分析法、趋势分析法和因素分析法等。

❶ 财务比率分析

比率分析法是通过计算某项经济指标所占比率来分析经济活动的变动程度。

1）偿债能力分析

偿债能力是指企业偿还各种到期债务的能力。偿债能力分析包括:短期偿债能力分析、长期偿债能力分析以及偿债能力保障程度分析。

短期偿债能力是指企业以流动资产偿还流动负债的能力。反映企业短期偿债能力的财务比率主要有流动比率、速动比率和现金比率。

$$流动比率 = \frac{流动资产}{流动负债} \times 100\%$$

流动比率是衡量一个企业资产流动性的基本指标,银行贷款时,往往把它作为判断借款户信用的标准,所以又称银行家比率。流动比较越高,说明企业偿付短期债务的能力越强。

对于企业的所有者长期债券人来说,他们不仅关心企业的短期偿债能力,更关心企业的长期财务状况,即资本结构状况。

负债比率又称资产负债率,是企业的全部负债总额与全部资产总额的比例,用于分析企业借用他人资金进行经营活动的能力,并衡量企业的长期偿债能力。其计算公式为:

$$负债比率 = \frac{负债总额}{资产总额} \times 100\%$$

由于举债经营既可以给企业带来财务杠杆利益,同时也增加了财务的风险。所以对于企业来说,资产负债率越高,企业扩大生产经营的能力和增加盈利的可能性就越大,但风险也随之增大,一旦经营不利,企业就可能陷入财务困境。而对于债权人来说资产负债率反映了企业对长期债权人偿还债务的能力。资产负债率越低,资产对债权人的保障程度越高,企业的长期偿债能力就越强;反之资产负债率越高,资产对权人的保障程度越低。当资产负债超100%,说明企业已资不抵债,债权人将蒙受损失。

企业举债经营为的是获得财务杠杆利益,相应地就会增加企业的财务风险。所谓偿债能力保障程度的分析主要是衡量企业对固定利息费用所提供的保障程度。

2) 企业营运能力分析

企业营运能力的高低主要取决于资产与权益的周转速度,周算速度越快资金使用效率越高,营运能力越强。

存货周转是指企业一定期间的销货成本与平均存货成本的比率,用于衡量企业的销售能力和存货周转速度。其计算公式为:

$$存货周转率 = \frac{企业成本中的存货成本}{平均存货成本} \times 100\%$$

存货周转率也可以用存货周转天数表示。存货周转天数是指存货周转一次所需要的天数。周转天数越少,速度越快,运营能力就越强。其计算公式为:

$$营运资金周转率 = \frac{销售净额}{平均营运资金余额} \times 100\%$$

由于营运资金周转率是以流动资产减去流动负债后的净额为基础计算的,所以能更综合地反映流动资产的利用效果。这个比率越高,流动资产的利用效果越好,企业的获利能力越强。

3) 盈利能力分析

盈利能力分析的主要指标:

$$销售毛利率 = 销售毛利 / 销售收入净额 \times 100\%$$

$$= \frac{销售收入净额 - 销售成本}{销售入净额} \times 100\%$$

$$销售净利率 = 净利润 / 销售收入净额 \times 100\%$$

$$资产报酬率 = 总资产周转率 \times 销售净利率$$

$$成本费用净利率 = 净利率 / 成本费用总额 \times 100\%$$

$$总资产报酬率 = \frac{利润总额 + 利息支出}{平均资产总额} \times 100\%$$

$$净资产报酬率 = 净利率 / 平均所有者权益总额 \times 100\%$$

$$普通股市盈率 = \frac{普通股每股市价}{普通股每股收益额}$$

$$每股净资产 = \frac{股东权益总额}{股票股数}$$

❷ 企业财务状况的趋势分析

财务状况的变化趋势分析是通过比较企业连续几期的财务指标、财务比率和财务报告，了解财务状况的变动趋势，从而预测企业财务活动的发展前景。

❸ 企业财务状况的总和分析

要全面客观地评价企业的财务状况和经营成果，最后应采用适当的标准，编制总和分析表进行分析。其程序为：

(1)在反映企业偿债能力、运营能力和获利能力时，应选择应够说明和评价企业财务状况的最具代表性的重要比率指标。

(2)根据企业经营状况和管理要求，确定所选择指标的相对重要系数。

(3)确定各项比率指标的最佳标准值。

(4)计算一定时期内企业各项比率指标的实际值。

(5)计算各项指标实际值与标准值的比率。

(6)求出各项比率指标的综合指数及其合计数。

(二)真正发挥企业财务管理制度作用的方法

❶ 领导重视财会工作

财会工作的顺利开展与企业领导的高度重视和大力支持是分不开的。企业领导要选派思想素质好、责任心强、业务水平高的人员充实财务班子，做到任人唯贤。要更新观念，树立财务管理是企业管理的核心的新观念，使企业员工尤其是企业领导都懂得财务管理的重要性，增强财务管理意识。

❷ 提高财会人员的业务素质

财务管理作用发挥如何，关键在于财务人员。必须进一步提高财务人员的素质，财务管理人员不仅要懂得会计核算，更重要的是要善于理财，即如何发挥财务管理的职能。财会人员除了应具备较扎实的专业知识外，还要求熟悉国家法律、法规制度，对社会环境(包括政治因素、经济因素、企业因素等)有一定的观察力和预测能力，以及具有较强的管理能力。

要充分发挥计算机在会计核算和财务管理方面的作用，通过采用商品化会计软件，使会计凭证的制作更加规范。入账及时，数据准确，系统能够自动生成会计报表，从而以高质量的会计信息参与企业的经营决策。会计电算化的应用为尽快实现由记账型向管理型的转变，实现财务管理质的飞跃奠定了基础。

❸ 突出资金管理

1)企业必须建立有序的资金循环机制

强化资金统一管理，集中调度，有偿使用，内部使用资金模拟银行结算，保持合理的筹资结构，适度负债经营，力求降低筹资成本和筹资风险。财务部门要克服重商品信用轻资金信用的现象，务求保持良好的融资信誉，形成借还的良性态势。

2)强化资金的机构管理，保持资金构成的合理化

合理的资金占用结构是保证资金发挥最大效能的前提，财务部门运用财务测算方法

确定最佳购存点上的资金结构,扭转企业在资金配置上畸轻畸重的现状;改变财务管理制度坐等货款回笼的被动局面,采取机动、多变的结算方式,加大财务部门对资金运筹的调控力度,监督以货币回笼为中心的销售责任制的实施。时刻注意资金运转偏差,适时实施资金结构调整。

3)加强对外投资的管理

盲目投资造成资金浪费是资金低效的重要原因。财务部门要多方收集企业外部的有用信息,主动研究市场,自觉参与企业投资项目的测算论证,加强长期投资的可行性研究,树立投资汇报观念,考虑货币时间价值和风险价值,准确比较项目的投资回报率和筹资成本率,追求投资效益最大化;对投资项目定期审计,加大对在建工程的财务监督,跟踪考核项目的资金使用效果。

4)加强资金补偿积累

财务部门要监控企业资金的分流,防止过多分流到工资福利、非生产投资等方面。

财务管理具有灵敏度高的特点,企业生产经营管理各方面的效果和问题都会通过不同的财务指标及时反映出来,如决策是否得当,经营是否有方,生产组织是否合理,产品质量及品种是否适合需要,产销是否衔接畅通,耗费是否正常,收入和盈利的取得是否合理等都会对财务指标产生重大影响。

财务部门通过对财务指标的经常性的计算、预测、整理、分析、肯定成绩、揭露问题、寻找原因,提出改进措施,促使企业不断提高经济效益。

四 评价与反馈

❶ 自我评价

(1)通过本学习任务的学习你是否已经知道以下问题:

①企业财务管理的定义。

②汽车美容与装潢企业财务管理的各个环节。

③汽车美容与装潢企业日常管理的主要内容。

(2)通过本学习任务的学习,你认为自己的知识还有哪些欠缺?

_____

_____

签名:_____　　　___年___月___日

❷ 小组评价

小组评价表见表7-1。

小 组 评 价 表　　　　　　　表7-1

序号	评 价 项 目	评 价 情 况
1	着装是否符合要求	
2	是否能合理规范地使用教学设备	

续上表

序号	评 价 项 目	评 价 情 况
3	是否按要求描述出本学习任务相关内容	
4	是否遵守学习的规章制度	
5	是否能保持学习场所的整洁	
6	团结协作情况	

参与评价的同学签名：_____　_____年___月___日

3 教师评价

_____

教师签名：_____　_____年___月___日

学习任务8　汽车美容与装潢企业7S管理

学习目标

知识目标

1. 了解汽车美容与装潢企业现场管理的要素、7S管理的含义；
2. 了解汽车美容与装潢企业本行7S的八大目的；
3. 了解汽车美容与装潢企业车间及办公室7S管理规范要求。

技能目标

能按照车间及办公室7S管理规范要求实施7S管理工作。

建议课时

4课时。

任务描述

小张在开店前调查了汽车4S店的运作，他发现所有的汽车4S店都非常注重车间的5S管理，这使他对店里的管理有了一个深刻的认识，认为5S管理是店里的一个必须执行的计划。5S 管理起源于日本,由于整理(Seiri)、整顿(Seiton)、清扫(Seiso)、清洁(Seiketsu)、素养(Shitsuk)的日语罗马拼音均以 S 开头,故称 5S。5S 对于塑造企业形象、降低成本、准时交货、安全生产、高度标准化、创造令人心旷神怡的工作场所、现场改善等方面发挥了巨大作用,逐渐被各国的管理界所认识。根据企业进一步发展的需要,有些公司在原来 5S 的基础上又增加了节约(Save)及安全(Safety)这两个要素,形成了 7S;也有的企业加上习惯化(Shiukanka)、服务(Service)及坚持(Shikoku),形成了 10S。

一　知识准备

(一)7S 管理的含义

(1)整理:要与不要,一留一弃。就是将工作场所的物品按常用、不常用和不用区分开。通过整理要达到工作场无任何妨碍工作、妨碍观瞻、无效占用作业面积的物品,以腾出更大的空间,防止物品混用、误用,创造一个干净的工作场所。

(2)整顿:科学布局,取用快捷。就是把工作场所需要的物品予以定量、定位。通过整顿把有用的物品按规定分类摆放,并做好标识,杜绝乱堆乱放、物品混淆不清,避免需要的物品找不到等无序现象的发生,以便工作场所一目了然。整齐明快的工作环境可以减少寻找物品的时间,消除过多的积压物品。

(3)清扫:清除垃圾,美化环境。就是将工作场所内所有的地方扫干净,包括工作时产生的灰尘、油泥,工作时使用的仪器、设备、材料等。通过清扫使工作场所保持一个干净、宽敞、明亮的环境,以保证作业安全,保证工作质量。

(4)清洁:洁净环境,贯彻到底。就是对物品、环境进行清洁,同时员工的工作服要清洁,仪表要整洁。保持工作场所清洁,以及员工形体上的清洁和良好的精神状态。

(5)素养:形成制度,养成习惯。提高员工的素养,每个员工都要养成良好的习惯,遵纪守法,积极向上,工作时精神饱满、主动热情。素养是 7S 的核心和精髓。

(6)安全:清除安全隐患,保证工作现场工人人身安全及产品质量安全,预防意外事故的发生。杜绝安全事故、规范操作、确保产品质量,保障员工的人身安全,保证生产的连续安全正常的进行,同时减少因安全事故而带来的经济损失。

(7)节约:就是对时间、空间、质量、资源等方面合理利用,以发挥它们的最大效能,从而创造一个高效率的,物尽其用的工作场所。以自己就是主人的心态对待企业的资源;能用的东西尽可能利用;切勿随意丢弃,丢弃前要思考其剩余之使用价值;秉承勤俭节约的原则,建立资源节约型企业。

(二)推行 7S 管理的目的

推行 7S 管理要达到八大目的。

❶ 改善和提高企业形象

整齐、整洁的工作环境,容易吸引顾客,让顾客心情舒畅;同时,由于口碑的相传,企业会成为其他企业的学习榜样,从而能大大提高企业的形象。

② 提高效率

良好的工作环境和工作氛围,再加上很有素养的合作伙伴,员工们可以集中精神,认认真真地干好本职工作,必然就能大大地提高效率。

③ 改善零件在库周转率

需要时能立即取出有用的物品,供需间物流通畅,就可以极大地减少寻找所需物品时所滞留的时间。因此,能有效地改善零件在库房中的周转率。

④ 减少直至消除故障,保障品质

优良的品质来自优良的工作环境。工作环境,只有通过经常性的清扫、点检和检查,不断地净化工作环境,才能有效地避免污损东西或损坏机械,维持设备的高效率,提高产品品质。

⑤ 保障企业安全生产

整理、整顿、清扫,必须做到储存明确,所用东西固定位置,用后物归原位;工作场所保持宽敞、明亮,通道畅通,地上不能摆设无用的东西;工作有条不紊,意外事件的发生自然就会相应地大为减少,当然安全就会有了保障。

⑥ 降低生产成本

各企业通过实行或推行 7S 管理,能极大地减少人员、设备、场所、时间等几方面的浪费,从而降低生产成本。

⑦ 改善员工的精神面貌

一个企业通过实行或推行 7S 管理,可以明显地改善员工的精神面貌,使组织焕发出种强大的活力。

⑧ 缩短作业周期

推行 7S 管理,通过实施整理、整顿、清扫、清洁来实现标准化管理,使企业的管理一目了然,异常现象明显化,人员、设备不会造成浪费,企业生产能相应地非常顺畅,作业效率必然就会提高,作业周期必然相应地缩短。

(三)汽车美容与装潢企业推行 7S 管理的作用

① 营造愉快的工作环境

(1)工作环境明亮、干净,无灰尘、无垃圾,会让人心情愉快,不会感觉厌倦和烦恼。

(2)工作会成为一种乐趣,员工就不会无故缺勤旷工。

(3)一目了然的工作场所,没有浪费、勉强、不均衡等弊端,使人心情舒畅。

(4)7S 管理制度给人以"只要大家努力,什么都能做到"的坚强信念,鼓励大家动手改善,在充满活力的一流场所工作,会让员工由衷地感到自豪和骄傲。

② 推动作业标准化

整顿环节可以规范现场作业,使大家都按照规定正确操作,标准化作业有如下作用。

（1）工作程序的稳定,必然带来汽车美容与装潢品质的稳定,美容装潢成本也会稳定下来。

（2）员工能正确执行各项规章制度,到任何岗位都能立即上岗作业。

（3）每一位员工都明白工作该怎么做,怎样才算做好了工作。

（4）汽车美容与装潢的品质有所保证,能够如期实现生产目标。

❸ 提高工作效率

具体表现在:

（1）模具、夹具、工具等,经过整理、整顿后,不需要过多的寻找时间。

（2）在整洁规范的工厂里,机器正常运转,作业效率大幅提升。

（3）7S管理的工作模式,让初学者一看就懂,能够快速适应岗位要求。

❹ 减少美容装潢品质缺陷

在汽车美容装潢过程中,按照7S管理标准去做,是确保美容装潢品质的基本前提:

（1）环境整洁有序了,有异常的现象一眼就可以发现。

（2）干净整洁的美容装潢现场,可以提高员工的美容装潢品质意识。

（3）美容装潢设备、检测仪器正常使用与维护,可以减少美容装潢缺陷。

所有这一切,可以使员工事先就知道要预防美容装潢品质问题的发生,而不仅仅是在事后才去采取补救措施。

❺ 实现按期交车

推广7S管理可以使:

（1）工厂环境好,无尘、无碎屑、无漏油。

（2）机械设备能够经常擦拭和维护,使用率高。

（3）模具、工装夹具管理良好,寻找时间减少。

（4）人员工作效率稳定;每日进行检查,能够防患于未然。

因而,美容装潢效率就可以提高,确保了按时交车。

❻ 实现节约目标

实行7S管理,可以收到如下效果:

（1）能减少汽车美容装潢所需的零配件库存量。

（2）能避免美容装潢工具、材料等库存过多。

（3）能避免库房、货架过剩。

（4）能避免购置不必要的美容装潢设备、工装夹具。

（5）能最大限度地避免"寻找""等待""避让"等动作所引起的时间浪费。

（6）能消除"拿起""放下""清点""登记""搬运"等没有任何附加价值的动作。

（7）能避免购置多余的文具、桌椅等办公设备等。

总之,可以从多方位最大限度地实现节约。

❼ 最大限度减少安全事故

具体表现在:

（1）整理、整顿后，工作场所宽敞、明亮，一目了然。

（2）"危险"、"注意"等警示牌明显、醒目。

（3）物品放置、搬运方法和积载高度充分考虑了安全因素。

（4）美容装潢车间通道和休息场所等不会被占用。

（5）人车分流，道路通畅。

（6）员工正确使用保护器具，遵守作业标准，不违规作业，不会发生工伤事故。

（7）所有设备都进行清洁、检修，能预先发现所存在的问题，从而消除安全隐患。

（8）消防设备齐备，灭火器放置位置、逃生路线明确，万一发生火灾或地震，员工及客户的生命安全都会得到保障。

⑧ 具有提升企业知名度的作用

在汽车美容与装潢的同行业内，假如能被称赞为最干净、整洁的美容装潢企业，那么：

（1）工作环境良好、管理制度严谨、美容装潢质量可靠的口碑就会不胫而走，忠实的客户就会越来越多，从而给企业带来丰厚的利润。

（2）企业知名度高了，技术人员就会慕名而来，并以来这家公司工作为荣。

（3）消费者会以购买这家公司的产品为荣。

所有这一切，都是企业的活广告，使企业获得更大的发展空间。

二 任务实施

（一）汽车美容与装潢现场7S管理规范

为明确汽车美容与装潢现场管理内容与要求，以便7S的实施和检查，制定汽车美容与装潢企业7S管理规范，见表8-1。

汽车美容与装潢企业7S管理规范表　　　　　　　　　表8-1

项目	序号	内 容 与 要 求
整理	1	现场物品(如旧件、废料、垃圾)区分要用的与不用的,定时清理
	2	现场物料架、工具柜、工作台、工具车等要摆放好,定时清理
	3	办公桌面及抽屉要定时清理
	4	汽车配件、废料、余料等放置有序
	5	量具、工具等要正确使用,摆放整齐
	6	作业场所不要摆放不必要的物品、工具
	7	将暂时不需要的资料、工具等放置好
整顿	8	物品摆放整齐
	9	资料、档案分类整理,并放入卷宗、储柜、抽屉
	10	办公桌、座椅、茶具等定位摆放
	11	工具车、工作台、仪器等定位摆放
	12	短期不用的物品,收拾定位
	13	划分作业场所,标示场所名称
	14	抹布、手套、扫帚、拖把等定位摆放

项目	序号	内 容 与 要 求
整顿	15	所有要使用的工具、零件定位摆放
	16	划定位置收藏废旧破损物品及不常使用物品,并标识
	17	电脑电缆绑扎良好、不凌乱
清扫	18	地面、墙壁、天花板、门窗清扫干净、无灰尘
	19	过期资料、档案定期销毁
	20	公布栏、记事栏内容定时清理或更换
	21	下班前打扫和收拾物品
	22	扫除垃圾、纸屑、烟蒂、塑料袋等
	23	工具车、工作台、设备及时清扫
	24	废料、余料等随时清理
	25	地面上、作业区的油污及时清理
	26	清除带油污的破布或棉纱等
清洁	27	随时保持工作环境整洁
	28	设备、工具、工作台、办公桌等保持干净,无杂物
	29	花盆、花坛保持清洁
	30	地面、门窗、墙壁保持清洁
	31	墙壁油漆剥落或地上画线油漆剥落应修补
素养	32	遵纪守法,遵守作息时间,不迟到、不早退、不无故旷工
	33	工作态度端正
	34	穿戴整齐,不穿拖鞋,不穿短裤
	35	工作场所不干与工作无关的事情
	36	员工时间观念强
	37	使用公物时,用后保证能归位,并保持清洁
	38	使用礼貌用语,礼貌、热情待人
节约	39	旧件合理利用
	40	打印纸充分利用
	41	严格把握质量
安全	42	消防器材要容易拿取
	43	易燃物品定位摆放
	44	通道、走廊保持畅通,通道内不得摆放任何物品

(二)汽车美容与装潢现场7S检查

美容与装潢现场7S检查分为定期检查和不定期检查。不论是定期还是不定期的7S检查,都必须认真做好记录,及时总结,并与7S实施规范比较,凡不合格项目应限期整改与验收。

❶ 定期检查

(1)日检。由班组长负责,组织员工利用每天下班前的10min进行7S检查,重点是整理和清扫。

（2）周检。由车间主任负责，组织班组长利用周末下班前30min进行7S检查，重点是清洁和素养。

❷ 不定期检查

一般是在美容装潢工作繁忙，或接到客户、员工投诉时临时进行的7S检查。

（三）办公室7S管理规范

汽车美容与装潢企业加强办公区的管理，对办公室实施7S管理，有利于创造文明的办公环境，维护正常的办公秩序，树立良好的企业形象，提高办公效率。

办公室7S管理规范见表8-2。

办公室7S管理规范 　　　　　　表8-2

序号	项目	规范内容
1	整理	将不再使用的文件资料、工具废弃处理
		将长期不使用的文件资料按编号归类放置在指定文件柜
		将常用的文件资料就近放置
		将正在使用的文件资料分为未处理、正在处理、已处理三类
		将办公用品摆放整齐
		台面、抽屉最基本的摆放
2	整顿	办公桌、办公用品、文件柜等放置要有规划和标识
		办公用品和文件放置整齐有序
		文件处理完后均要放入文件夹，且要摆放整齐
		文件夹里有相应的标识，每份文件都要有相应的编号
		办公桌及抽屉整齐、不杂乱
		私人物品放于规定位置
		计算机线用绑带扎起，不凌乱
		用计算机检索文件
3	清扫	将地面、墙、天花板、门、窗、办公台等打扫干净
		办公用品擦洗干净
		文件、记录破损处修补好
		办公室通风、光线充足
		没有噪声和其他污染
4	清洁	每天上班用10min做好7S工作
		随时自我检查、相互检查、定期或不定期检查
		对不符合条件的情况及时纠正
		整理、整顿、清扫保持好

序号	项目	规 范 内 容
5	素养	员工言谈举止文明有礼,对人热情大方
		员工穿戴整洁得体,仪容仪表整齐大方
		员工工作精神饱满
		员工做事认真、谨慎,注意安全
		员工有团队精神,互相帮助,积极参加7S活动
		员工时间观念强
6	节约	单面未使用的打印纸可用于记事
		夏季空调温度控制在27℃
		及时关闭电灯
7	安全	下班后规定人员关闭饮水机等电源
		办公室严禁吸烟

(四)办公室7S管理实施细则

❶ 办公桌

(1)桌面无灰尘、水渍、杂物,下班前要清理桌面。

(2)重要纸张文件,保密资料(包括发票、客户信息、工作联络单)等一律入柜。

(3)其他纸件全部整齐放置在文件架、文件夹或书柜中,不得散放在桌面上。

(4)办公用品要摆放整齐,桌下不得堆放与工作无关的文件和物品,如报纸、杂志、箱等。

(5)水杯、电话、文具盒、盆景应摆放在指定位置。

❷ 办公椅

(1)保持干净整洁。

(2)摆放整齐,离开时办公椅要靠近办公桌、摆放在座位下方。

(3)不用的折叠椅应折起整齐地放在不影响走路的地方。

❸ 抽屉

(1)下班离开前要锁好。

(2)抽屉中物品要摆放整齐。

(3)抽屉中物品要进行定期清理。

❹ 保密柜、文件柜

(1)有标志(部门、编号、责任人)。

(2)内中物品、文件等摆放整齐,标志明确,便于查找。

(3)文档保存规范。

❺ 计算机

(1)摆放端正、保持清洁。

（2）下班时关闭电源。

6 打印机、传真机

（1）节约用纸，纸张存放整齐。

（2）及时取回打印、传真文件，以免丢失、泄密。

（3）不允许用传真机复印大量文件。

7 地面

（1）保持干净。

（2）计算机电源线、网络线、电话线等扎放整齐。

（3）桌垫、纸袋、纸张、纸板、纸箱、塑料、泡沫等易燃品，不得与电源线、网线、电话线放置在一起，保证安全。

8 通道、走廊

（1）保持通畅。

（2）不得摆放影响美观或通行的纸箱等。

（3）垃圾篓应置于桌下内侧或办公室指定区域。

9 临时摆放物品

（1）原则上公共场地不允许摆放纸箱、物品等。

（2）如特殊情况需临时摆放，必须放置整齐，不得影响整个办公场所的美观及行走方便。

10 公用、流动座位

使用人员均有责任和义务在使用和离开时做好公共办公区域的卫生工作。

11 个人行为

（1）工作时应保持良好的工作状态。

（2）工作时不闲聊、串岗、呆坐、看杂志、打瞌睡、吃零食。

（3）着装得体大方，工卡佩戴规范。

（4）爱护公物，用完归位。

（5）待人接物诚恳有礼貌，乐于助人。

（6）遵守公共秩序与规定。

（7）离开办公室前关闭所有电源。

（8）提高修养，追求创造良好办公环境整洁的自律精神，并按规则做事。

（9）在开放办公间办公时，不要大声喧哗，接听电话或与别人讨论的声音要控制。

（10）团结并尊重每一位同事，工作中保持经常沟通，有不同意见时，要通过恰当方式解决，任何情况下都不可恶语相向或采取过激行为。

（11）如有客人来访，要做到彬彬有礼，最好在会议室或公共会客厅会客。

（12）开会、上课、培训时关闭手机（或设置为振动）。

（13）在开放办公期间将手机转到座机上，或将声音调至不影响别人工作为宜。

三 学习拓展（7S 管理）

办公室 7S 管理自查见表 8-3。

办公室 7S 管理自查标准　　　　　　　　　表 8-3

7S 内容	工作内容及标准	自查频率
整理＝扔掉废物	将不再使用的文件资料或破旧书籍、过期报纸等按企业要求的方式废弃	1 次/日
	将不经常使用的文件资料进行分类编号整齐存放于文件柜中	1 次/日
	将经常使用的文件资料进行分类整理，整齐放于办公桌抽屉或长柜中	1 次/日
	将正在使用的文件资料分为待处理、正处理、已处理三类，整齐放于办公桌面或长柜上，做到需要的文件资料能快速找到	1 次/日
	将工作服、洗澡用品等按类别整齐放于更衣柜中，无更衣柜的，应将工作服等个人用品放于办公桌的长柜中	1 次/日
	柜（橱）顶、长椅上、沙发上、窗台上、暖气上禁止摆放任何物品	1 次/日
整顿＝摆放整齐	办公桌、椅、柜（橱）、衣架、报架、盆架等物品放置要规划有序，布局美观	1 次/日
	办公桌面可放置办公设施、台历、文件夹、正在使用的文件、票据、电话、茶杯等物品，要求放置整齐有序	2 次/日
	办公桌挡板、办公椅上禁止搭挂任何物品	2 次/日
	笔、墨、橡皮、尺子等办公用具整齐放于桌面一侧或抽屉中	随时
	办公桌面、办公桌抽屉内物品应整齐有序、分类放置，没有作废或与工作无关的物品，如抹布、个人物品、报纸等	1 次/日
	报纸、杂志等阅读资料看完后要收起，需要留存的整齐放于文件柜内或报架上	1 次/日
	暖壶、茶杯可在矮柜上整齐放置，不具备条件的可整齐放于地面一侧；茶叶筒应整齐放于办公桌抽屉一侧	1 次/日
	办公室内电器线路走向规范、美观，电源线不凌乱	定期检查
清扫＝打扫干净	办公室防盗门、木门要里外清洁，门框上无灰尘；推拉门轨道要清洁无积物	1 次/日
	地面及四周踢脚线干净，无灰尘、污迹	1 次/日
	室内墙壁及屋顶每周清扫一次，做到无污染、无爆皮、无蜘蛛网；墙上不许乱贴、乱画、乱挂、乱钉	1 次/日
	窗玻璃干净透明，无水迹、雨迹、污迹；窗框洁净无污迹；窗台无杂物、无灰尘；门玻璃干净透亮，不挂贴报纸和门帘	1 次/日
	窗帘整齐洁净，无灰尘，悬挂整齐	1 次/日
	暖气片、暖气管道上无尘土，不搭放任何物品	1 次/日
	灯具、电扇、空调、微机、打印机等电器，表面洁净，无灰尘；各种电器开关、线路无灰尘，无安全隐患	1 次/日
	文件柜顶、表面要保持洁净、无灰尘、无污迹，柜内各种资料、票据分类整齐存放，并根据资料内容统一标识	2 次/日

续上表

7S 内容	工作内容及标准	自查频率
清扫 = 扫打干净	更衣柜内物品分类摆放,要求工作服、毛巾等个人用品叠放整齐;柜内、柜外、柜顶保持洁净,无灰尘、无杂物,并按使用者进行标识	1 次/日
	办公桌面、挡板内外、长柜内外应保持洁净,无灰尘、无污迹	1 次/日
	电话要擦拭干净,整齐放于办公桌横板处或办公桌面;电话线要整齐有序,不凌乱	1 次/日
	垃圾筐要及时倾倒,不能装得太满;门后禁止存放垃圾;笤帚、抹布、簸箕等清洁用具整齐放于门后;抹布可叠好放于盆架上,或整齐搭挂于门后	1 次/日
清洁 = 保持清洁,持之以恒	每天上班前对自己的卫生区进行清扫	1 次/日
	上班时间随时保持	随时
	自我检查,对发现的不符合项随时整改	随时
	下班前整理好当天的资料、文件、票据,分类归档	1 次/日
	下班后整理办公桌上的物品,放置整齐;整理好个人物品,定置存放	1 次/日
素养 = 人员保持良好的精神面貌	上班时间佩戴上岗证,穿戴整洁的工作服,仪容整齐大方	1 次/日
	言谈举止文明有礼,对人热情大方,不大声喧哗	随时
	工作时精神饱满,乐于助人	随时
	工作安排科学有序,时间观念强	随时
	不串岗,不聚众聊天	1 次/日
节约 = 合理的利用办公室资源	办公室温度控制在 27℃	1 次/日
	光线充足的情况下及时关闭电灯	随时
安全 = 防火防盗	指定专人下班后关闭各种电源、门窗	1 次/日
	办公室严禁吸烟	随时

四　评价与反馈

① 自我评价

(1)通过本学习任务的学习你是否已经知道以下问题:

①7S 管理的意义。

②推行 7S 管理的目的。

③企业推行 7S 管理的作用。

④7S 管理规范。

⑤办公室 7S 管理实施细则。

(2)7S 管理涉及的各种场所。

(3)实训过程完成情况如何。

(4)通过本学习任务的学习,你认为自己的知识和技能还有哪些欠缺?

签名：_____ _____年___月___日

② 小组评价

小组评价表见表8-4。

小 组 评 价 表　　　　　　　　　　表8-4

序号	评 价 项 目	评 价 情 况
1	着装是否符合要求	
2	是否能合理规范地使用工具和设备	
3	是否按照安全和规范的流程操作	
4	是否遵守学习、实训场地的规章制度	
5	是否能保持学习、实训场地整洁	
6	团结协作情况	

参与评价的同学签名：_____ _____年___月___日

③ 教师评价

_____

_____

教师签名：_____ _____年___月___日

五 7S 管理技能考核标准（表8-5）

7S 管理技能考核标准表　　　　　　　　　　表8-5

序号	项目	操 作 内 容	规定分	评 分 标 准	得分
1	现场7S管理规范	现场物品的清理	15	旧料、废料、垃圾是否区分处理	
		工具使用	20	量具、工具等正确使用，摆放是否整齐	
		工具摆放	10	工具车、工作台、仪器等是否定位摆放	
		短期不用物品处理	10	是否分类摆放	
		遵纪守时	5	是否遵守作息时间，不迟到，不早退，不无故旷工	
		态度	5	上班态度是否积极	
		安全意识	20	易燃物品是否定位摆放	
		着装	5	穿戴是否整洁，不穿拖鞋，不穿短裤	
		场地清洁	5	下班后是否进行场地清扫	
		礼貌	5	用语是否礼貌，热情待人	
	总分		100		

项目三 汽车美容与装潢企业经营项目日常运作

学习任务9 汽车涂层维护

学习目标

知识目标

1. 掌握汽车车身清洗的作用和时机；
2. 掌握汽车涂层抛光、打蜡、封釉和镀膜的概念与作用；
3. 掌握汽车涂层维护的理论知识；
4. 了解涂层维护相关的工具设备及材料；
5. 掌握汽车清洗及涂层抛光、打蜡、封釉和镀膜的操作方法。

技能目标

1. 能完成汽车车身清洗工艺流程；
2. 能完成汽车涂层抛光、打蜡、封釉和镀膜工艺流程；
3. 汽车涂层问题的分析和诊断。

建议课时

8课时。

任务描述

小张的汽车美容装潢店里来了一辆行驶将近两年的汽车,由于常年的风吹、日晒、雨淋等自然侵蚀,车身涂层出现了失光、变色、斑点和轻微粉化等现象,若不进行必要的维护,涂层会过早地损坏,不仅影响汽车美观及整洁,还会诱发车身锈蚀和损伤,甚至导致车身腐烂。为了使这辆汽车永葆"青春"光彩,延长车身使用时间,车主决定让小张对这辆车的车身涂层进行必要的维护。

一 知识准备

1 汽车清洗

汽车清洗是汽车美容的首要环节,同时也是一个重要环节。它既是一项基础性的工作,也是一项经常性的美容作业。汽车在使用过程中,车身表面及内饰会逐渐沉积灰尘和其他污垢。如果不及时清除这些污垢,不仅影响到汽车的美观,还会诱发锈蚀和损伤。因此汽车清洗对保持车容美观,延长涂层及车辆使用寿命有着重要作用。

1)汽车清洗的作用

汽车清洗是采用净水和清洗剂,通过专用设备和工具,对汽车车身、内饰等部位进行的清洁处理。其作用是:

(1)保持汽车外观整洁。汽车在行驶中经常置身于飞扬的尘土中,雨雪天气有时还要在泥泞道路上行驶,车身外表难免被泥土脏污,影响汽车外观整洁。为使汽车外观保持清洁亮丽,必须经常对汽车进行清洗。

(2)清除大气污染侵害。大气中有多种能对车身表面产生危害的污染物,尤其是酸雨的危害性最大,它附着于车身表面会使漆面形成有色斑点,如不及时清洗还会造成漆层老化。轻微的酸雨可用专用去酸雨材料清除,对严重的酸雨需使用专业的设备和清洗剂才能彻底清除。为此,车主应定期将汽车送到专业汽车美容店进行清洗。

(3)清除车身表面顽渍。车身表面如果黏附树汁、鸟粪、虫尸、焦油、沥青等顽渍,若不及时清除就会腐蚀涂层,给护理增加难度。为此,车主要经常检查车身表面;一旦发现具有腐蚀性的顽渍应尽快清除;如已腐蚀漆层,必须到专业汽车美容店进行处理。

2)汽车清洗的时机

(1)根据天气情况确定。

①连续晴天。此种天气,车身表面污渍以灰尘为主,只要用除尘掸子将车身表面上的灰尘清除,再用湿毛巾或湿布擦拭前后风窗玻璃及车窗与两旁的后视镜。一般先清除车顶再清除前后风窗玻璃、左右车窗、车门,最后清除发动机舱盖及行李舱盖。如果一直为此种天气,大约一周做一次全车清洗工作即可。

②连续雨天。此种天气,车身表面污渍以泥土为主,只要用清水进行冲洗,使车上的泥土掉落即可。因为还会再下雨,不必进行全面清洗;但当天晴之后就必须对全车进行认真清洗。

③忽晴忽雨。如果遇到此种天气,就得常常清洗车身表面,虽然很累人,但为求车身清洁也是不得已。

④大雪过后。一场大雪过后,应尽快清洗汽车,因道路上的残雪以及雪水里夹杂的融雪剂都含有多种碱性成分,溅到车身及底盘上,如果不及时清洗,会给车漆及底盘带来严重腐蚀。

（2）根据车辆行驶的路况确定。

①沥青或混凝土路面。经常在清洁的沥青或混凝土路面行驶的汽车，车身表面不易脏污，一般每天收车时掸掉灰尘，每周再进行一次全车清洗即可。

②沙土路面，汽车在沙土路面上行驶，很容易沾上泥土，尤其在雨天一些土路变成泥泞路，在这样的道路上行驶，汽车最好每天都进行清洗。

③沿海地区道路。沿海地区大气中盐分含量较大，汽车在沿海地区有露水或有雾时行驶，如盐分与露水或雾气结合附着在车身表面上，就会产生电化学腐蚀，为此必须经常对汽车进行清洗。

（3）根据污垢种类确定。

①沥青或焦油。若车身表面附有沥青或焦油，无论是对深色漆面还是浅色漆面的车辆，其视觉影响都是很大的。且沥青和焦油都是有机化合物，长时间附着于漆面会出现污斑，特别是丙烯酸面漆的汽车尤为明显，为此车身表面沾上沥青或焦油必须立即清除。

②树汁、鸟粪和虫尸。汽车在露天停放，很容易黏附树汁、鸟粪和虫尸，对此必须及时清除，否则会腐蚀漆层而形成色斑。

③水泥。汽车在建筑工地上行驶时，车身表面容易沾上路面上的水泥粉，对此必须及时清洗，以免水泥粉沾水后牢固地附着在漆面上难以清除。

❷ 汽车涂层抛光打蜡

1）抛光的作用

抛光主要是为了增加涂膜的光泽度与平滑度，消除涂面的粗粒、轻微流痕、泛白、橘皮、细微砂纸痕迹、划痕、泛色层等涂膜表面细小的缺陷。抛光处理既适用于旧涂面翻新，也适用于新喷涂面和修补施工。

（1）旧涂面翻新抛光。汽车是一种户外交通工具，长年受到阳光、风沙、雨雪、温差、大气污染物、化学品等不良环境影响，涂面受到的侵蚀程度既复杂又严重。光靠简单的水洗不能将其消除，而要进行翻新抛光处理，通过摩擦和抛光的作用来消除涂面的缺陷。

（2）新喷涂面抛光。全车喷涂面漆或部分喷涂面漆过程中可能产生各种缺陷，如流痕、粗粒、橘皮、发白、失光、丰满度差，以及局部喷涂时飞溅于旧涂面的漆尘和新旧涂膜交界处的痕迹均可通过抛光处理得到及时的纠正。

2）打蜡的作用

汽车涂膜经过抛光后，一般均需在其表面打蜡，蜡质在涂膜表面干燥后会形成一层薄的保护膜，该保护膜可以反射阳光中的紫外线，降低对涂膜的破坏。蜡质的光滑度能有效防止水分子对涂膜的渗透并具有抗污能力，蜡膜有一定的硬度，可减轻划伤漆膜的程度，蜡膜的光泽能提高涂膜的光泽度、丰满度、弥补抛光处理后的不足。

3）常用的抛光剂和车蜡的类型

（1）抛光剂的类型。抛光所使用的材料主要是由大小均匀的细微砂粒组成。其形态有粉末状、软膏状(不流动)、稀泥浆状(流动)。根据组成有微细砂粒粉末;有硅藻土、矿物油、蜡、乳化剂、溶剂混合而成的软膏;有微细砂粒与蜡、硅氧烷、溶剂组成的混合液,以及不断涌现的含还原剂、去污剂、釉剂而不含蜡、硅氧烷的新型高质量抛光剂。按抛光剂材料颗粒大小大致可分为粗、中等细度、超微细粒子。

(2)含研磨剂蜡。该蜡为黏稠的乳状物,内含抛光剂和蜡,具有抛光和上蜡的双重功能,可消除涂膜表面泛色、轻微划痕及抛光后产生的光环,是一种抛光、上蜡二合一的用品,既可作为抛光使用,也可作为上蜡使用。

(3)几种常见的保护性封蜡。

①油脂型保护蜡。蜡膜呈半透明状态,可为车身提供极硬的保护层,多用于长途海运的出口汽车和沿海地区,即使海水飞溅于涂有封蜡的车体表面,也不能对其造成任何损害,并可防止双层托运车在途中遇到树枝或其他人为因素所造成的轻微损伤,保证在修复后一年内不受其他有害物质的侵蚀。

②树脂型保护蜡。蜡膜呈半透明状态,主要用于短途运输的汽车,可以为车身提供一年以上良好的硬质保护层,这层保护膜在厚度上大约是油脂保护蜡的1/3,能防止在使用过程中人为轻微刮伤所造成的划痕现象,但无法抵御含有盐类成分溶液(如海水)的侵蚀,所以这种树脂保护蜡不大适合在海洋运输中或沿海地区为汽车提供防止侵蚀的保护层。

③硅油保护蜡。蜡膜呈透明状态,为刚涂装后的汽车提供短期的保护层,能有效防止紫外线、酸碱气体、树汁、虫屎、树枝抽打等一般的侵害,对于含盐、碱成分的液体的侵害或使用过程中所造成的剐蹭现象却不能起到很好的保护作用。

二 任务实施

(一)车身清洗

❶ 准备工作

(1)将一辆污垢较重实训车辆停放在洗车区域。

(2)准备清洗剂。

(3)准备高压清洗机、泡沫清洗机、空气压缩机、毛刷、大块海绵、毛巾、麂皮等教学用具。

❷ 技术要求与注意事项

1)目的与要求

(1)知道汽车清洗所需用品和设备。

(2)明确汽车清洗工艺流程。

(3)掌握高压清洗机和泡沫清洗机的操作要领。

(4)学会汽车清洗的操作方法。

2)汽车清洗注意事项

汽车表面清洗时,会涉及许多材质和不同的表面涂层及内外装饰等,因而在进行清洗时,应注意以下事项。

(1)清洗汽车外表面最好在室内或背阴处清洗;不允许在阳光直射下清洗,因为阳光下,干涸在车身的水滴会留下斑点,影响美观;也不允许在严寒中清洗,这样既清洗不净,又能导致水滴在车身表面结冰,造成外壳涂层裂纹。

(2)清洗前应当将全部车门、车窗、发动机舱盖、行李舱盖、通风孔、空气入口严密关闭,封严发动机电气系统,以防清洗时进水,造成短路、窜电和锈蚀等。清洗货车时,如载货怕潮湿,应加以防护或不清洗上部。

(3)在没有干燥设备的场地清洗时,最好将汽车停在带有小坡度的空地或路边,以便清洗后清洗剂和水能自己流尽,防止积水污染或腐蚀。

(4)清洗汽车轮毂内侧时,要防止进水,造成制动不灵。如发现进水,可低速运行,反复踏踩制动踏板,造成摩擦,产生热量使其自行干燥。

(5)人工清洗时,要用软管。水的压力要适宜,水压力过高,会造成车外表污物硬粒划伤漆面。

(6)清洗中车内外装饰件不慎被沾溅上污物,应趁污物未干时,尽快清洗。如已干涸,要用清水或清洗剂、软毛刷慢慢刷洗,不允许用硬质工具刮除。

(7)不允许用碱、煤油、汽油、矿物油及酸等溶剂直接清洗汽车外表面。

(8)镀铬件清洗后如有锈迹,可用白垩粉或牙粉撒在法兰绒上,沾上氨水或松节油擦拭,擦完再涂上防锈透明漆。

❸ 操作步骤

第一步,准备。对高压清洗机进行测试,准备好常用洗车工具和洗车用品,人员按洗车要求着装,摘下手表、戒指等尖锐物品,穿专业洗车服和防滑鞋。

第二步,冲淋。汽车进入洗车场地后,用高压清洗机水枪冲洗车身污物。

第三步,刷洗。对污垢较重部位用毛刷刷洗。

第四步,擦洗。用泡沫清洗机对车身均匀喷洒清洗剂,然后用大块海绵或毛巾擦洗车身。

第五步,冲洗。从车顶部开始,逐一从上往下冲,一直冲洗到车底部。

第六步,擦干。先用半湿大毛巾擦拭一遍,再用麂皮擦拭两遍,直到车身毫无水迹,最后用压缩空气将车身吹干。

第七步,质检。先按验收标准自行检查一次,然后由车主、质检员和操作者代表三方参加对汽车清洗效果进行检查验收。

(二)抛光打蜡工艺

❶ 准备工作

(1)将一辆清洗后的待抛光打蜡车辆停在抛光工位。

(2)准备抛光蜡、保护蜡等。

(3)准备抛光机、抛光盘、打蜡海绵、毛巾等教学用具。

❷ 技术要求与注意事项

1）目的与要求

（1）知道汽车抛光打蜡所需的用品和设备。

（2）明确汽车抛光打蜡工艺流程。

（3）掌握抛光机的操作要领。

（4）学会汽车抛光打蜡的操作方法。

2）汽车抛光打蜡注意事项

要得到高质量的涂面，除了涂料本身质量外，掌握正确的抛光打蜡工艺是增加涂膜美观的重要一环。抛光剂、车蜡的种类很多，性能各异，只有根据涂面状况和使用环境来正确选用抛光剂和车蜡，才能取得最佳效果。

（1）整车抛光。整车抛光既有旧车涂面翻新抛光，也有新喷涂面抛光。新喷涂面应在漆膜实干后进行抛光，自干性涂料在喷涂后 8～16h 进行，双组分涂料应在喷涂后，烘烤温度 65℃（车身金属温度为准）时间约 35min 或风干 36h（但不建议风干），手指压表面而没有产生手指印后进行抛光。一般采用二次抛光处理法效果较好。在抛光前若是旧车涂面，则应用水将车身表面的泥沙冲洗干净，以防在抛光时损坏涂面。

（2）补涂施工中的局部抛光。根据局部抛光所起的作用可分为喷涂前补涂部位外围旧涂膜抛光和补喷涂部位抛光。

①喷涂前补涂部位外围旧涂膜抛光。使用抛光剂时应选用不含蜡、硅氧烷的粗抛光剂。抛光时倒少许于软布上，用力在补涂部位外围旧涂膜上来回研磨，去除旧涂膜表面的氧化层、泛色层、蜡等一般清洁剂不易擦净的脏物，抛光处理的面积尽可能宽一些，一般遵循处理面宜大不宜小，以给补涂时留出足够的伸缩余地。

②喷涂后补涂部位的抛光。应在涂膜完全干燥后，使用细度抛光剂或超细抛光剂进行抛光。采用手工处理方法，倒少量抛光剂于软布上，在补涂部位四周接口处，按补涂部位向旧涂面部位同一方向抛光，抛光力度不宜过大，抛光程度不宜过深，防止产生补涂边缘线形痕迹，使涂面达到光泽柔和程度即可。

（3）打蜡。打蜡前对涂面及施工环境的要求如下。

①旧车涂膜保护性打蜡 1～2 月打蜡一次，也可 3～4 月打蜡一次，这主要根据使用情况而定，一般可通过目测感觉或用手触摸涂面有发涩感，即需进行打蜡。

②旧车涂面沾有灰尘、泥沙、旧蜡，打蜡前应使用专用清洗液清洗干净，防止泥沙在上蜡时划伤涂面，旧蜡会使局部新蜡膜附着不牢。

③若旧车涂膜已氧化、泛色或有划痕，应清除后才能打蜡。

④新喷涂膜表面的流痕、橘皮、粗粒、划痕，应通过研磨、抛光处理后才能打蜡。

❸ 操作步骤

1）抛光步骤

（1）第一次抛光。首先用半弹性垫块衬 P1500 水砂纸打磨，然后再用 P2000、P4000 海绵砂纸，轻轻地把流痕、凸点、粗粒、轻微划痕打磨平整，再按顺序将整车打磨一遍，使涂面均匀无光,注意不要磨穿漆膜。清洗涂面并擦净、干燥后,用布块将全能抛光剂均匀地涂于涂面,机械抛光应将抛光机的转速调至 1 000 ~ 1 500r/min 为宜,将抛光机的抛光盘平放在涂面上,然后均衡地向下施加压力,从车顶开始抛光,在涂面上有规律地沿水平方向来回研磨,研磨面积不宜过大,要一块一块地进行,每一块面积长 60 ~ 80cm,宽 40 ~ 50cm,涂面逐渐呈现平滑与光泽,即可用干净的抹布把涂面上的多余抛光剂擦净。若发现某部位涂面还不能达到质量要求时,可重复研磨直至达到质量要求。研磨时要特别注意折线、棱角及高出底材的造型涂面,这些部位的涂膜相对较薄,研磨时触及机会较多,要特别注意不要磨穿涂膜,平面部位较圆弧面不易起光泽,应适当增加研磨次数。

(2)第二次抛光。用干净的软布擦净前道抛光残留物,摇匀釉质抛光剂,用软布或海绵将其均匀涂于漆膜表面,停留 60s 后用手工或机械方法抛光,机械抛光应将海绵盘转速保持在 1 000 ~ 1 500r/min,抛光时应按一定方向有序进行。不要用羊毛盘进行第二次抛光。手工抛光时应水平直线运动进行抛光,直到涂面擦亮即可,最后无论是机械抛光还是手工抛光都应用干净的软布擦净涂面。经釉质抛光剂抛光后,涂面亮度高、丰满度好,保持时间可达 1 年。

2)打蜡步骤

(1)在给车身涂蜡时,一定要先进行表面清洗,确保表面清洁。因为车身表面有灰尘的话,涂蜡后,在抛光时就会把灰尘挤进涂层去,或在车身表面起研磨作用,划伤或磨花表面涂膜。

(2)必须采用质量优良、与表面涂层相适宜的车蜡。现在的车蜡多为液体蜡,使用前将其摇晃均匀,将少许倒入湿布或海绵上小面积旋转,在车身涂层表面擦拭,稍干后,再用软洁布反复擦干即可。

(3)很多人给车身打蜡都习惯性地以圆圈方式进行,这是不正确的方法。正确的打蜡方式是以直线方式,横竖线交替进行,再按雨水流动的方向上打最后一道,这样才能达到减少车身涂层表面产生同心圆状光环的效果。

(4)不要在阳光的直接照射下打蜡,操作时应在阴凉处为妥。否则,车蜡会在阳光下发生变化,使车身出现斑点。

(5)上蜡后,要等车蜡干燥一会后再进行抛光,不要刚打上蜡就抛光,要让车蜡能够在车身表面有一定的凝固时间,最少要在 30min 左右。但有人认为等蜡完全干燥后再擦净比较好,这也是错误的。上蜡后要在蜡半干不干、尚未干燥白化时擦净。因此,上蜡的操作必须顺着车身钣金一片一片地进行,切不可先将车身全部上好后,再一次擦掉,这会使涂层表面的色泽深浅不一,非常难看。还要注意,没有抛光前,不要开车上路,否则,空气中的灰尘就会依附在车蜡上,在抛光时划伤或磨花表面漆层。

(6)如果车身表面上的涂料已经褪色或氧化,必须在清除掉旧的和氧化了的涂层后,才能打蜡。

(7)涂蜡时尽量采用软质的、不起毛的绒布或棉絮进行均匀涂抹。

三 学习拓展

❶ 蜡的选用

①根据汽车涂膜颜色,可选用彩色蜡。

②根据汽车涂面状况,金属漆可选用金属漆三重蜡、钻石蜡。

③根据使用环境,热带、雨季可选用水晶蜡。

❷ 机械打蜡

机械打蜡时使用轨道抛光机,其椭圆形轨迹旋转及双手扶把紧贴机体的中心立轴,效率高、质量好,不易产生划痕。打蜡时将液体蜡摇匀后画圈似的倒在打蜡盘面上,每次以 $0.5m^2$ 的面积顺序打匀,直至打完全车身。待蜡凝固后,将干净、无杂质的海绵抛光蜡盘套装在打蜡机上,开机后调节转速并控制在 1 000r/min 以下,然后将打蜡机抛光盘套轻轻平放在涂面上,进行横向与竖向覆盖式抛光,直至涂面靓丽为止。

❸ 手工打蜡

若是乳状蜡应将其摇匀,然后倒少许于海绵或软布上,涂蜡时以大拇指和小拇指夹住海绵,以手掌和其他三个手指按住海绵,每次涂蜡以 $0.5m^2$ 的面积为宜,力度均匀地按旋律式顺序擦拭。从前到后、从左到右,蜡膜要涂得薄而均匀,根据每种车蜡的说明,稍候用干净的软布擦净即可。

❹ 打蜡上光

为了更好地对汽车涂层加以保护,可定期地在车身涂膜上打一层上光蜡,这样可以提高涂膜的光泽,还可以为涂膜提供进一步的防护。

上光蜡的选择。选蜡应根据车身涂层保护的需要进行,尽量根据车蜡的不同功效结合车身涂层的特点精心选择,车身涂层面较靓的轿车要用蜡质精细、颗粒细小的名牌车蜡,这样效果会更加明显。打蜡视涂层面新旧而选择不同质地的车蜡。

(1)固体蜡。固体蜡有硬蜡、软蜡之分,主要成分为软化点不同的石蜡、油脂等。硬蜡持久性好但施工费力,软蜡持久性差但施工省力。固体蜡的价格较低,但附着力较差,必须等蜡彻底干透后才能附着在车身涂层上,由于它一般为脂性物质,含油量较高,不易干,需要 3～5h 才能彻底干透,在未干时很容易粘上尘土及其他空中尘埃。同时,它的熔(化)点低,一般在40℃时就熔化了,因此,在三伏天,固体蜡的保持时间非常短。

(2)液体蜡。液体蜡的主要成分是聚乙烯乳液或聚硅氧烷类高分子化合物,并含有油脂成分,能提高涂膜的亮度,但是遇水容易分解、寿命短、没硬度、不耐摩擦,多次的打蜡、研磨又会使漆面磨损而无光泽。

(3)新车保护蜡。含有大量高分子聚合物成分,常见的是"特氟隆",它有很强的抗氧化、抗腐蚀功能,涂抹一次一般能保持一年之久。

四　评价与反馈

1 自我评价

(1)通过本学习任务的学习你是否已经知道以下问题：

①汽车车身清洗的作用和时机。

②汽车涂层抛光的概念和作用。

③汽车涂层打蜡的概念和作用。

(2)汽车涂层抛光、打蜡操作过程中,各用到了哪些设备?

_____

_____。

(3)分别进行汽车涂层抛光、打蜡操作过程,并记录完成情况如何?

_____

_____。

(4)通过本学习任务的学习,你认为自己的知识和技能还有哪些欠缺?

_____

_____。

_____

签名:_____　　____年___月___日

2 小组评价

小组评价表见表9-1。

小 组 评 价 表　　　　　表9-1

序号	评 价 项 目	评 价 情 况
1	着装是否符合要求	
2	是否能合理规范地使用仪器和设备	
3	是否按照安全和规范的流程操作	
4	是否遵守学习、实训场地的规章制度	
5	是否能保持学习、实训场地整洁	
6	团结协作情况	

参与评价的同学签名:_____　　____年___月___日

3 教师评价

_____

_____

教师签名:_____　　____年___月___日

五 涂层维护技能考核标准（表9-2）

涂层维护技能考核标准表 表9-2

序号	项目	操作内容	规定分	评分标准	得分
1	车辆清洗	记录车辆铭牌信息	5	记录信息是否全面	
		检查车辆是否熄火并关闭电源	3	是否有检查动作并给出正确结论	
		确认车辆有无外观损坏	3	是否有检查动作并给出正确结论	
		确认车门及车窗是否关闭	3	是否有检查动作并给出检查结果	
		高压水枪测试	5	是否进行此操作	
		冲淋车身	5	是否达到冲淋要求	
		刷洗车身	5	是否达到刷洗要求	
		泡沫擦洗车身	5	是否达到操作要求	
		冲洗车身	5	是否达到操作要求	
		车内清洁	7	是否达到操作要求	
		确认车辆清洗是否合格	7	是否正确判断结果	
2	涂层抛光打蜡	记录车辆铭牌信息	5	记录信息是否全面	
		检查车辆是否熄火并关闭电源	3	是否有检查动作并给出正确结论	
		确认车辆有无外观损坏	3	是否有检查动作并给出正确结论	
		确认车门及车窗是否关闭	3	是否有检查动作并给出正确结论	
		抛光机准备及测试	3	是否达到操作要求	
		抛光蜡选择正确	5	是否选择了合适的抛光蜡	
		抛光方法正确	5	是否达到操作要求	
		打蜡方法正确	3	是否达到操作要求	
		抛光打蜡效果	10	是否正确判断结果	
		工作过程是否遵循7S标准	5	是否达到操作要求	
		总分	100		

学习任务 **10**　汽 车 贴 膜

学习目标

★ **知识目标**

1. 掌握汽车贴膜的作用和分类；
2. 掌握车膜质量的鉴别方法；
3. 掌握汽车贴膜相关的理论知识；
4. 了解汽车贴膜的选用及维护相关知识；
5. 清楚汽车贴膜的质量标准。

★ **技能目标**

1. 能完成汽车车窗及前、后风窗玻璃膜的裁剪和下料；
2. 能完成汽车车窗及前、后风窗玻璃膜的粘贴；
3. 能完成汽车贴膜质量检验。

建议课时

8 课时。

任务描述

　　小陈是一家汽车美容装潢店的员工,这天,店里来了一辆还未贴膜的新车。为了说服车主在自己店里贴膜,小陈跟她讲起了车膜的作用、种类和结构等相关知识。最终,车主选择了一款自己中意的贴膜交给小陈进行粘贴施工。

一　知识准备

1　车膜的作用

(1)隔热降温。车膜可以减低太阳光照射的强度,从而起到隔热效果,保持车厢凉爽。优质汽车防爆膜的隔热率可达 50%～70%,从而能有效地降低汽车空调的负载,并节省燃油。

(2)防止爆裂。当汽车发生意外时,防爆车膜可以防止玻璃爆裂飞散,避免事故中玻璃碎片对驾乘人员所造成的伤害,提高汽车的安全性。

(3)保护肌肤。人体如经紫外线长时间照射,会对肌肤造成一定的伤害,引起皮肤疾病。而优质车膜具有一定的防紫外线功能,可有效地阻挡紫外线,对肌肤起到保护作用。

(4)保护内饰。阳光中的红外线可将热量保留在椅垫和仪表板等内饰件中,长期受红外线照射会引起内饰件老化褪色,车窗覆膜后对内饰具有较好的保护作用。

(5)改变色调。五颜六色的车膜可以改变车窗玻璃的单一色调,给汽车增添美感。

(6)单向透视。车膜的单向透视性可以遮挡来自车外的视线,增强车内乘员的私密性。

❷ 车膜的基本结构

不同的车膜结构差异较大:即使同为防爆隔热膜,由于生产厂商不同,其结构也不尽相同。如有的汽车防爆隔热膜主要由透明基材、胶膜层、感压式黏胶层、隔热膜层、安全基层及耐磨外层组成;有的防爆隔热膜则主要由保护膜、防粘层、安装胶、紫外线吸收剂、深层染色聚酯膜、合成胶、金属层、防划伤层等组成。

现在还有一种被称为"纳米太空膜"的,这种车膜能对光线进行有选择性的吸收,它对紫外线的阻隔率接近100%,对红外线的阻隔率为80%,而对可见光的透过率则达80%以上。纳米太空膜与众多防爆膜采用的"金属反射"的原理不同。防爆膜是通过金属对光的反射与散射,达到隔热防晒目的,所以,这种金属膜具有单面透光性,也就是通常所看到的汽车贴膜后"里面看到外面,而外面却看不到里面"的"镜面效应"。而采用纳米材料,由于它是有选择性地透过可见光,同时能反射紫外线、红外线等对人体有害光线,所以,可以形象地将它比喻成"筛子"。另外,由于材料不同,纳米膜不像金属膜那样会发生褪色。

❸ 车膜的种类

车膜按颜色不同有自然色、茶色、黑色、天蓝色、金墨色、浅绿色和变色等品种,按产地不同可分为进口和国产车膜;按等级不同可分为普通膜、防晒太阳膜和防爆隔热膜等。

普通膜是一种染色膜,不含金属成分,只能减低透光度,保持车内空间的隐蔽性,时间一久就会慢慢地褪色,这种膜隔热效果差,对视线影响也大。防晒太阳膜是一种"半反光纸",其隔热率为40%～50%,使用一两年后,表面便会起氧化反应而产生变质。防爆隔热膜具有耐磨、半反光和防爆的功能,隔热率可以达到85%以上。

❹ 车膜的性能

优质车膜应具备以下性能:

(1)遮炫光率和透光率。优质车膜应具有良好的遮炫光率和透光率,它能降低阳光的炫目程度,既保证了驾驶人在各种气候环境下都能拥有清晰的视野,同时,在其开车时也不会产生刺目的感觉。优质车膜的遮炫光率应在59%～83%,透光率应在70%～85%,无论颜色深浅,夜间视野清晰度都应在60m以上,无视线盲区。

(2)隔热性。隔热效果是衡量车膜质量的重要指标,优质车膜的隔热率可达85%以上。

(3)隔紫外线性能。优质车膜应能有效地阻挡紫外线,防止人体肌肤被紫外线照射受到伤害,同时能降低车内真皮、塑料等内饰件在阳光直射下所造成的耗损,从而延长其使用寿命。

（4）防爆性。优质防爆车膜的结构中必须设有防爆基层，当风挡及门窗玻璃爆裂时应能有效地防止碎片飞散，以降低乘员受伤害的程度。

（5）耐磨性。优质车膜应具有高质量的耐磨层，膜面应有防划伤保护层，这对延长车膜使用寿命，确保施工时不留下任何划痕，保持车膜美观都具有非常重要的作用。

（6）单向透视性。无论白天还是黑夜，从车内往外看应非常清晰，从外往里看应比较模糊。

二　任务实施

汽车前风窗玻璃膜的粘贴。

❶ 准备工作

（1）将已清洗干净的实训车辆停放在贴膜专用实训工位。

（2）检查实训工位是否干净无尘。

（3）准备好喷雾器、不起毛的擦洗布、棉毛巾、擦洗垫、刮刀和可替换刀片、橡胶刮板、裁膜刀、三件套等教学用具。

❷ 技术要求与注意事项

1）车膜的选用

（1）质量检查。

选购车膜时，应按照车膜质量鉴别方法，对车膜的清晰度、透光率、隔热性能、防紫外线性能及防爆性能等进行仔细检查。

（2）颜色选择。

在选择车膜颜色时，应考虑三方面的因素。一是要挑选较浅的颜色，如绿色、天蓝色、灰色、棕色、自然色等，这些颜色看上去比较舒服，而且优质膜虽然颜色较浅但并不影响其隔热性能。二是要与汽车涂面颜色合理搭配。目前的车身颜色主要有白、黑、红、蓝四种，它们约占各种车辆车身颜色的一半。一般，浅色的车最好使用色彩鲜明的防爆隔热膜，这类车膜大多透明度较高，且不会影响其隔热效果。挑选颜色时，应注意不能在阳光下看其深浅，而要将它放在车窗上，并把车门窗关好，再仔细查看。否则，看到的颜色可能和它实际的颜色不尽相同。三是要根据车主的性别、年龄及个人爱好来选择颜色。

（3）前风窗玻璃膜的选择。

前风窗玻璃是驾驶人获取交通信息的主要通道，为了不影响安全行车，前风窗玻璃膜的透光率必须大于70%。因此，前风窗玻璃必须选择反光度较低、色系较浅的车膜。如果汽车前风窗玻璃斜度较大，在粘贴时必须注意尽量避免产生反射及波纹。目前，市场上有一种完全无色的高档透明膜，尤其适合前风窗玻璃使用。这种膜也称白膜，其最大特点就是可以阻隔波长较短的红外线和紫外线，而对大部分可见光则不加阻拦。所以，既不会对视野产生影响，又能起到隔热作用。

2）车膜贴装质量标准

（1）前风窗玻璃贴膜的质量标准。前风窗玻璃是车辆最主要的视窗，贴膜操作的水

平高低及专用膜品质的优劣将直接影响到驾乘人员的视线及驾驶安全,所以检查时一定要小心。

①车膜要整张贴装,不能拼接。

②不能有气泡、折痕(以刮水器有效使用范围为准)。

③车膜与玻璃间的水必须刮除干净(从玻璃的左右两侧分别观察时,可以看得很清楚)。

④坐在驾驶位,透过前风窗玻璃看车外的景物时不存在模糊、色差等现象。

⑤查看前风窗玻璃应没有强反光现象(外侧)。

⑥车膜的边缘粘贴完好,无起边现象。

⑦车膜的边缘线与玻璃上的小黑点连接平滑,无明显凹凸不平的感觉。

⑧玻璃贴膜应完好,并在专用"施工单"上请客户签署意见。

(2)侧窗贴膜的验收标准。

①检查每块玻璃两侧有无明显的"漏光"现象。

②驾驶座两侧的车膜应先整张贴装,从驾驶座看两侧后视镜有无影响视线的感觉,如存在这类现象,必须通知车主,并采取挖孔处理,孔型按照车主的要求做好精裁工作,务必使边缘线平滑。

③观看侧窗玻璃的上缘线是否与车膜的边缘保持基本平行,刀线是否平滑。

④无较集中的沙砾夹在玻璃与车膜之间,并查看有无气泡、折痕。

(3)后风窗玻璃贴膜的质量标准。

①在有金属加热线及天线夹在玻璃内侧的情况下,不得整张装贴,必须拼贴,以免长时间加热影响其使用寿命。

②拼接时刀法必须精确,不得出现两次以上未对齐现象。

③最下沿车膜的黏结必须仔细检查,不得有残留水分夹在车膜与玻璃之间。

④不得有密集的沙点及气泡存在。

3)贴膜应注意的问题

(1)注意工作环境。

汽车防爆膜的贴装必须在室内进行,因为在贴膜时需要将汽车玻璃上下摇动一定距离,如果在室外路边贴膜,必定会吹进一些尘土,并黏附在车膜和玻璃中间,从而造成密密麻麻的脏点,影响了贴膜的效果。

(2)内饰保护。

操作时对汽车内饰的保护非常重要,否则,清洗玻璃的溶剂及贴膜时的水容易弄脏内饰,或渗进汽车的电控系统而导致开关失灵甚至局部短路,所以,必须仔细做好车辆的外露电控开关和音箱的保护。较为简便的方法是将较厚的浴巾遮盖在仪表台和后盖板上(前、后风窗玻璃部分的保护),如条件允许可在浴巾下面再加垫两层塑料薄膜,侧门板的保护与前、后风窗玻璃的遮盖也可采取类似方法。

(3)必须整张贴装。

前、后风窗玻璃必须整贴,以前,许多从业人员对于具有一定弧度的前、后风窗玻璃膜采取了裁成一条一条以后分别张贴的方法。这种工艺不仅破坏了整体美观,使玻璃在贴膜后变得非常难看,严重的还会影响驾驶人视线。因此,目前汽车贴膜是把太阳膜按前、后风窗玻璃的大小整张剪裁的,用专用工具和热风枪在车外面吹烤成同风窗玻璃同样的弧度,再到车内粘贴。

(4)掌握烘烤技巧。

汽车玻璃贴膜具有一定的技术难度,特别是汽车的前风窗玻璃,稍不留意就会出现问题,此时,车膜浪费还是小事,严重时还会造成玻璃碎裂。前风窗玻璃贴膜之所以难以操作,其主要原因是前风窗玻璃是由两块热弯玻璃夹胶复合而成,而夹胶本身的熔点又有区别,比如有些车型的前风窗玻璃的夹胶熔点在85℃左右,因此,在车膜烘烤定型操作时一定要特别小心,必须采取"高温、高速定型"的方法来施工。有些车型的前风窗玻璃出厂时采用过"防水处理"工艺,所以,贴膜时手法必须迅速,否则,极易出现由于水分流失而导致车膜难以滑动、难以刮水的现象。个别车型为了降低风阻系数,车身整体流线型处理较好,全车的玻璃均采用了弧形处理,而这种弧形却给贴膜造成了很大的困难,因此,在按弧形烘烤车膜时更要加倍小心。同时,每块风窗玻璃膜必须先定型后装贴,否则,容易出现脱胶、起泡等现象。此外,前风窗玻璃的车膜贴好后,里面不能夹杂有一点儿脏东西或小折痕,否则,都将会影响驾驶人的视线

❸ 操作步骤

1)准备

车膜粘贴是汽车美容装潢工最为常见和重要的工作之一,在施工前必须做好如下准备工作:

(1)环境准备。为确保车膜的粘贴质量和效果,整个贴膜操作的车间要做到封闭无尘。

(2)工具准备。贴膜前应准备好喷雾器、不起毛的擦洗布、棉毛巾、擦洗垫、刮刀和可替换刀片、清洁剂板和超级刮板(有的称为橡胶刮板)、带有可断开刀片的重型切刀(目前市场上有一种专门用于贴膜操作的刀具,使用起来比较方便)、白塑料硬卡片、放工具的围裙等工具。

(3)调制粘贴溶液。粘贴溶液由喷壶中经过过滤的清水与几滴专用中性溶液配制而成。中性溶液也可选用质量较好的婴儿沐浴露,调配后只要稍微有点黏度即可。

2)清洁汽车玻璃

(1)清洗。将玻璃清洗干净是贴膜的首要步骤,也是整个过程中最重要的一步,玻璃清洁与否将直接影响到覆膜的质量。清洁时先用不带化学物质但又有清洁作用的水(如稀释的全能水等)将玻璃及其边缘反复清洗干净。

(2)用辅助器具擦干水。用干的刮板刮干玻璃,操作时应按照从玻璃干的一边慢慢刮向湿的一边,从上边刮到下边再到底边的顺序,也可用不起毛的布来擦干边缘。

3)裁剪下料

车膜的大小要与玻璃相匹配,粘贴前应先按玻璃的实际尺寸,将车膜裁剪好。裁剪时

要先准备各车型玻璃样板,样板的制作方法是:将清洁的玻璃表面洒一层水,然后,将适当厚度的塑料薄膜吸附在玻璃上,根据边缘线的形状划出玻璃样板,样板要比划线超出 3 ~ 5mm。需要提请注意的是,在一般情况下,车膜的裁剪有纵向裁剪和横向裁剪两种。如遇需要对车膜进行烘烤的作业,应采用纵向裁剪的方法,因为车膜的收缩率纵向要比横向大得多。

4)定型

带有一定弧度的前、后风窗玻璃膜粘贴前必须先进行定型处理,将裁剪好的车膜覆盖在玻璃的外侧,用热风枪对在要求定型的弧度部位,边加热边用刮片将车膜紧贴在玻璃上。定型的手法要求"高温高速",即在不使玻璃受损(如爆裂等)的情况下将热风枪的温控调至高挡,风速也控制在高速挡,这样,才不至于使前风窗玻璃受损。

5)粘贴

(1)将定型后的车膜粘贴在玻璃内侧。粘贴时要撕掉车膜衬垫的塑料,同时,用纯净的清水喷湿胶面和玻璃,这样可以减少胶的黏性,并容易去掉因静电而吸附的附着物。当衬垫完全揭下后,胶的表面仍应是湿的,此时可将膜贴到玻璃上,左右滑动,使其不碰车框。

(2)往膜的背面稍微喷一点清水,按从中心刮向边缘,从上到下再到底边的顺序用刮板刮膜,这样,能使水分从车框边排出。全部刮完后,再用超级刮板重复刮上一遍,就可以清除多余水分并使车膜贴得更加牢固,最后,再用毛巾擦干玻璃边缘的水分和碎片。要提请注意的是,在粘贴时不能用尖锐物体碰撞膜面,同时不能将玻璃上下摇动。

(3)为保证车膜的粘贴质量,车内贴膜操作时,应遵循由下往上装贴的原则。

(4)如发现有气泡或指纹,可用辅助工具再由内至外,将气泡刮掉,并将指纹擦除。

6)检查

车膜粘贴完毕后应按如下方法仔细检查粘贴的质量:首先应检查粘贴是否牢固,特别对于边角部位更要仔细检查,其次是检查车膜与玻璃之间有无气泡,第三是检查整张车膜有无褶皱,第四是检查车膜表面有无刮痕,如发现问题应立即返工。

7)干燥

车膜粘贴用的是压敏胶,刚贴上去时的黏度不大,随着时间的推移,车膜与玻璃的黏合度会逐渐增大。故建议汽车贴上车膜后 3 天之内不要升降车窗,待玻璃与车膜之间的水分全部蒸发完毕后,车膜就会牢固地粘贴在车窗玻璃上了。不同的车膜及不同的天气情况下进行贴膜操作,装贴后干燥速度也不尽相同,快则 2 天,慢则需要 7 ~ 15 天,在某种气候下,车膜还可能会出现雾状或水珠状的斑点,不过这是正常现象,时间一长它就会慢慢消失。

三 学习拓展

1 车膜的维护

当膜面出现污渍时,很多人会习惯性地拿起玻璃清洁剂喷洒一番,并随便用抹布擦拭。殊不知:这些做法对防爆隔热膜的寿命会造成很大的影响,因为防爆隔热膜多半含有金属成分,化学清洁剂会和这些金属起化学反应,从而导致褪色、变形、起泡。而使用粗糙的抹布擦拭则会刮伤隔热膜,造成道道划痕。其实,一般情况下,如发现车膜上沾有污渍,只需及时使用柔软的抹布适当沾些温水轻轻地擦拭,隔热膜上的指印、油痕及污渍就能被擦拭干净。

此外,在车膜上最好不要粘贴饰物。很多人为了美观,而将一些装饰物粘贴或通过吸盘吸附在车膜上,这样都容易造成车膜脱落。

❷ 车膜质量的鉴别方法

目前,市场上出售的车膜品种繁多,质量差异很大。一般普通膜的使用期在两年左右,优质的防爆太阳膜的使用期在 5 年以上。从业人员一般可通过如下几个方法来鉴别车膜质量的优劣。

1)看

首先要看透光率。防爆隔热膜无论颜色深浅,透视性能均应保持良好。即使在夜间、雨天,贴了防爆隔热膜的玻璃也应能保持良好视线,以保证行车安全。而普通的染色太阳膜采用的是普通染色工艺,靠颜色隔热,所以颜色很深,从车里向外看总有雾蒙蒙的感觉。

其次要看颜色。防爆隔热膜是一种高科技产品,它采用金属溅射工艺,将镍、银、钛等高级金属涂于高张力的天然胶膜上,无论在贴膜过程中还是日后的使用过程中都不会出现掉色、褪色现象。防爆隔热膜的颜色多种多样,再加上自然柔和的金属光泽,使防爆隔热膜可以搭配各种颜色、款式的汽车。普通膜和防晒太阳膜是将颜色直接融在胶膜中,撕掉上层塑料纸后,用力刮削粘贴面,会有颜色脱落现象,这种膜使用一两年就会褪色。再次要看气泡。撕开车膜的塑料内衬后再重新合上,劣质车膜会起泡,而优质车膜合上后完好如初。

2)摸

防爆隔热膜手感厚实平滑,好的防爆隔热膜表面经过硬化处理,长期使用不会划伤表面。普通膜手感薄而脆,摇动玻璃后,会在膜上留下道道划痕。

3)试

剪下一小块膜,在地面上摩擦或用化油器清洗剂试验,容易掉色的就是劣质膜,而擦不掉颜色的就是优质膜。另外,对车膜的隔热性只凭肉眼看和手摸是很难鉴别的,可以通过一个简单的测试方法来进行判别:在一个碘钨灯上放一块贴着不同车膜的玻璃(不要碰到碘钨灯的灯管以免灯管爆炸),用手摸上去基本感觉不到热量的是优质车膜,而立即有烫手感觉的,则是隔热性较差的劣质车膜。

四　评价与反馈

❶ 自我评价

(1)通过本学习任务的学习你是否已经知道以下问题:

①汽车贴膜的作用和类型。

②车膜质量的鉴别方法。

③汽车贴膜的选用及维护。

（2）汽车贴膜操作过程中用到了哪些设备？

_____

_____。

（3）汽车贴膜过程完成情况如何？

_____

_____。

（4）汽车贴膜质量检验情况如何？

_____

_____。

（5）通过本学习任务的学习，你认为自己的知识和技能还有哪些欠缺？

_____

_____。

签名：_____　　　_____年___月___日

❷ 小组评价

小组评价表见表10-1。

小 组 评 价 表　　　　　表10-1

序号	评 价 项 目	评 价 情 况
1	着装是否符合要求	
2	是否能合理规范地使用仪器和设备	
3	是否按照安全和规范的流程操作	
4	是否遵守学习、实训场地的规章制度	
5	是否能保持学习、实训场地整洁	
6	团结协作情况	

参与评价的同学签名：_____　　　_____年___月___日

❸ 教师评价

_____

教师签名：_____　　　_____年___月___日

五　汽车贴膜技能考核标准（表10-2）

汽车贴膜技能考核标准表　　　　　表10-2

序号	项目	操 作 内 容	规定分	评 分 标 准	得分
1	1	记录车辆信息	3	记录信息是否全面	
	2	检查车辆是否熄火并关闭电源	3	是否有检查动作	

续上表

序号	项目	操作内容	规定分	评分标准	得分
1	3	确认车辆有无外观损坏	5	是否有检查动作并给出正确结论	
	4	确认工位是否符合贴膜要求	5	是否有检查动作并给出检查结果	
	5	贴膜质量检查	5	是否符合质量要求	
	6	检查刮板	3	是否进行此操作	
	7	准备并测试喷水壶	3	是否进行此操作	
	8	准备并测试热风枪	3	是否进行此操作	
	9	调制粘贴溶液	5	配比是否合适	
	10	裁剪下料	10	是否达到操作要求	
	11	定型	10	是否符合操作要求	
	12	粘贴	10	粘贴方法是否正确	
	13	检查贴膜效果	5	是否有检查动作并给出正确结论	
	14	贴膜后使用提示	5	是否有贴提示标贴	
	15	车膜粘贴效果	20	是否达到质量要求	
	16	工作过程是否遵循7S标准	5	是否达到操作标准	
		总分	100		

学习任务 11 　汽车底盘化学与物理装甲

学习目标

★ 知识目标

1.了解底盘装甲的概念;

2.了解安装底盘装甲的意义与作用;

3.知道底盘装甲的种类;

4.掌握底盘装甲的操作。

★ 技能目标

1.能完成汽车底盘的化学装甲;

2.能完成汽车底盘的物理装甲。

建议课时

6课时。

任务描述

小陈在汽车美容装潢店里工作一段时间后发觉,车主对汽车底盘的保护已经越来越重视。俗话说"烂车先烂底",终年不见阳光,历经无数坎坷的汽车底盘,腐蚀和损坏的隐患是很大的。现在汽车的底盘都很低,在行驶过程中一些被飞溅起来的沙石不停地撞击底盘;在凹凸不平的路面行驶,汽车底盘还有可能被托底;更严重的甚至直接损坏到发动机;雨雪天汽车底盘易黏结泥块,受到雨水、雪粒的锈蚀;雪后道路上布满具有极强腐蚀的融雪剂,更是对汽车底盘造成致命的摧残,大大缩短车辆的使用寿命。

而现在很多汽车制造商一味地降低成本,在新车出厂时,只给汽车底盘喷了一层薄薄底盘涂料(有些是 PVC 材料),有的车甚至连这样的涂料也只是简单地喷一下局部,大部分把防锈漆和镀锌层暴露在外。像这样简单的防锈漆和镀锌层在理想的环境下也许可以对汽车底盘起到防锈作用,但是在我们日常行驶过程中这样的处理是根本不起作用的,所以我们在买车后给车辆穿一件底盘装甲是非常必要的。

一 知识准备

❶ 底盘装甲的分类

1)化学装甲

化学装甲的学名是汽车底盘防撞防锈隔音涂层("UNDERCOATING"底漆),一种高科技的黏附性橡胶沥青涂层。汽车底盘装甲具有无毒、高遮盖率、高附着性,可喷涂在车辆底盘、轮毂、油箱、汽车下围板、行李舱等暴露部位,快速干燥后形成一层牢固的弹性保护层,可防止飞石和沙砾的撞击,避免潮气、酸雨、盐分对车辆底盘金属的侵蚀,防止底盘生锈和锈蚀,保护车主的行车安全。3M 底盘装甲的良好的耐磨性,即使在温度高达148.89℃的情况也不会流动和下垂,同时弹性保护层能够减轻驾驶时道路和轮胎的噪声,提高车主的加速舒适度。

2)物理装甲

所谓的物理装甲是在发动机和底盘上安装各种材质的护板。护板是根据各种不同车型定身设计的发动机防护装置,其设计首先是防止泥土包裹发动机,导致发动机散热不良,其次是为了行驶过程中防止由于凹凸不平的路面对发动机造成撞击而造成发动机的损坏,通过一系列设计达到延长发动机使用寿命,避免出行过程中由于外在因素导致发动机损坏的汽车抛锚。

❷ 底盘装甲的意义

1)阻隔气候影响

夏日里地表的烘烤,酸雨的侵袭,大气的潮气、盐分、冬季雪道上除雪剂的腐蚀等每一种因素都能侵蚀车底。底盘装甲可有效防止汽车生锈,预防提前老化,即使在沿海城市温暖潮湿的气候下,带有盐分的海风吹拂也不会将钢筋铁骨蹂躏得的伤痕累累。

2）防御沙石撞击

汽车行驶过程中会遇到路上沙石撞击而造成损坏,底盘装甲可以在一定程度上防御沙石撞击产生的损坏。

3）加强行驶安全

受损的底盘可能会导致底盘的一些零件变形,特别是上下摆臂、左右方向拉杆等容易发生变形,一些轻微碰剐同样会引起汽油底壳或变速器油底壳等发生轻微渗漏。这些变形和渗漏不容被检测到,但是会严重影响行车安全。而进行了底盘防撞防锈处理之后,底盘不受损,安全自然有保障。

4）为车辆保值

数据显示,通常新车使用3年左右,就会发生锈蚀。而与之相对应的一个事实是:车辆维护越好,价值越高。经过一段时间的行驶之后,无论是自己使用还时准备换新车,经过底盘防撞防锈处理(尤其附有正规大公司的品质保证书)的车肯定是能够永远有更高的价值。

5）提高驾驶舒适度

由于底盘防撞防锈采用具有弹性的材质密封性处理,一方面大大增加了车辆行驶的平稳度;另一方面极大降低行驶过程中车辆的噪声和路上的嘈杂。所以在驾驶的舒适度上比没有做过底盘防撞防锈的车辆高很多。

❸ 化学装甲的材料种类

1）橡胶型底盘装甲

产品有固特威 KB-1002.3M8920 等。

黏性橡胶涂层、无毒、可喷涂、快速干燥后形成一层牢固的弹性保护层。良好的耐磨损性,在温度高达 $300°F$($148.89℃$)的情况下也不会流动或下垂。因为可以形成一层没有孔隙的保护层而具有很好的防腐蚀性。

2）树脂型底盘装甲

产品有固特威 KB-1003 等。

复合型树脂型底盘装甲超强硬度,强效抗磨防托底。复合型树脂型表面形成光滑有质感的涂层效果,持久防水、防腐、防锈,效果极佳。

3）树脂与橡胶混合型底盘装甲

产品有 Teroson 3000 等。

混合型底盘装甲集合了上述两种的优点,更方便施工。

❹ 物理装甲的材料种类

1）硬塑、树脂护板

价格较为便宜,生产工艺简单,但需要注意的是这种材质护板容易破碎冬季更是如此,本身就易受损伤破碎,之后无法修复起不到长期的保护作用。

优点:质量轻、价格低。

缺点:容易损坏。

发动机下沉:因为这个材质本身比较易坏,所以一般不会影响发动机下沉。

2)铁质或者锰合金护板

但是需要注意的是:选择这种护板时,这种材质的护板可以最大程度地保护发动机和底盘重要零件,缺点是质量重。

优点:抗冲击性强。

缺点:质量重,有明显噪声共振。

发动机下沉:影响发动机下沉,容易出现人身安全隐患。

3)铝合金保护板

其特点就是质量轻。

优点:质量轻。

缺点:铝合金价格一般,因为钛价格太高,所以基本都是用铝材料做的,市面上没有真正的钛合金护板,强度不高,出现碰撞不易复位,有共振现象。

发动机下沉:影响发动机下沉,容易出现人身安全隐患。

4)合金塑钢保护板

其特点是质量轻,韧性强,抗压力强。

优点:合金塑钢保护板采用全新创新型高分子塑钢材料,根据原车量身定做,韧性强,耐高温,防碰撞。

传统保护板容易老化,容易变形,共振,生锈,破裂。

缺点:材料采用的是进口高分子聚合物,造价成本高,导致产品的价格比较高。

发动机下沉:国内少数行业领导品牌已经获得该技术方面专利,不影响发动机下沉。

二 任务实施

(一)化学装甲

1 准备工作

(1)将实训车辆停放在实操区域。

(2)检查实训室通风系统设备工作是否正常。

(3)准备举升机、车身清洗设备、喷枪、防护用品等教学用具。

2 操作步骤与注意事项

第一步:清洗底盘。

首先用举升机将汽车升高,拆除车轮和内翼子板保护胶板,用高压水枪冲洗底盘,去除底盘上黏结的油泥和沙子,还可以用常见的铁丝网刷,把车底附着的泥沙、油污、腐锈和其他杂物刮掉,直到露出金属的本色为止。再用吹水枪将缝隙中的水吹出,并用毛巾将水擦干,如图11-1所示。

第二步:局部包裹。

"底盘装甲"并非底盘全部装甲,像发动机油底壳、变速器外壳、进排气歧管、排气管、

减振弹簧、减振器、转向轴等部位,在喷涂时都要拿遮盖纸进行包裹,避免防锈材料喷在上面。技师介绍,由于发动机油底壳、变速器外壳需要散热,如果防锈材料喷在它们上面,会影响它们的散热;更不能喷在排气管上,车辆行驶时排气管的高温,会将表面的附着物烤焦而发出难闻的臭味。所以,必须先用遮盖纸将这些部位遮盖尤其注意车身上的传感器和减振器要遮盖好,如图 11-2 所示。

图 11-1　底盘清洗

图 11-2　局部包裹

第三步:仔细喷涂。

仔细包裹好关键部位,技师就开始喷涂了。底盘防锈胶经高压喷枪喷出,均匀覆盖在车辆底盘上。一般来说,底盘装甲的厚度在 1～3mm。也可以根据顾客的要求反复喷涂,直到达到顾客要求的厚度为止。质检人员进行质量的检查,检查是否有漏喷的部位并进行修补。

第四步:干透后装件。

如果天气晴朗干燥,汽车喷涂 2～4h 后就能投入使用,但完全干燥还需要等待 3 天,在这 3 天内、最好不要用高压水枪对底盘进行清洗。干燥后的保护膜可以很好地黏附在清洁的汽车底盘上,具有极强的耐磨性和抗腐蚀性。

第五步:清洁。

完工后进行车辆的清洗。检查是否有误喷的位置并进行清洁处理。

喷涂后效果对比如图 11-3 所示。

(二)物理装甲

❶ 准备工作

(1)将实训车辆停放在实操区域。

(2)检查实训室通风系统设备工作是否正常。

(3)准备举升机、套筒、拉铆枪、防护用品等教学用具。

❷ 操作步骤与注意事项

(1)举升车辆。

(2)安装配套螺杆,如图 11-4 所示。

(3)安装护板,如图 11-5 所示。

底盘装甲施工之前

底盘装甲施工之后

图 11-3　喷涂前后效果对比

图 11-4　安装螺杆

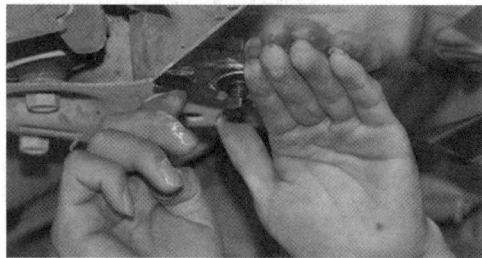

图 11-5　安装护板

（4）拧紧螺栓，如图 11-6 所示。

（5）安装完成，如图 10-7 所示。

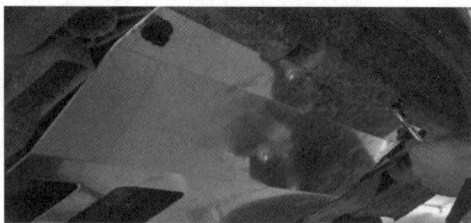

图 11-6　拧紧螺栓

图 11-7　完成安装

三　学习拓展

与装甲相关的隔声处理。

1 车门隔声

第一步:准备材料和工具。

除了正常的螺丝刀之类的工具以外,还需要隔音专用的滚轮工具,才能保证隔音材料的良好附着力。有些车门,可能需要特殊的拆装工具,如图 11-8 所示。

第二步:拆掉车门饰板。

参考不同车型的工艺手册,把车门内饰板拆下来。有些车型可能会需要一些特殊的工具,如图 11-9 所示。

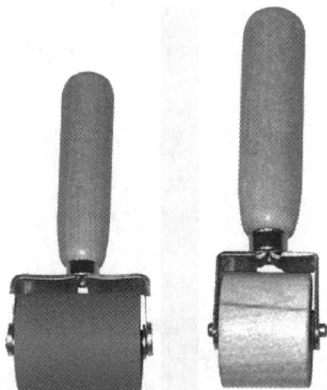

图 11-8　滚轮

图 11-9　拆除内饰板

第三步:拆卸喇叭和防潮层。

依据工艺手册的介绍,拆掉原车喇叭单元。

然后拆下原车上的防水薄膜,(一般是白色半透明塑料薄膜),防水膜可以丢弃掉,在隔声完成后不再使用如图 11-10。

小窍门:防水膜在后面裁剪隔声材料时可以用作模板来使用。

第四步:清洁。

使用快速干燥和无残留的清洗溶剂将需要贴隔声的部位完全彻底的清洗干净,包括灰尘、油腻、蜡质、水分和铁锈等,以确保隔声材料能永久和工作表面良好的黏合在一起,如图 11-11 所示。

图 11-10　拆除音响

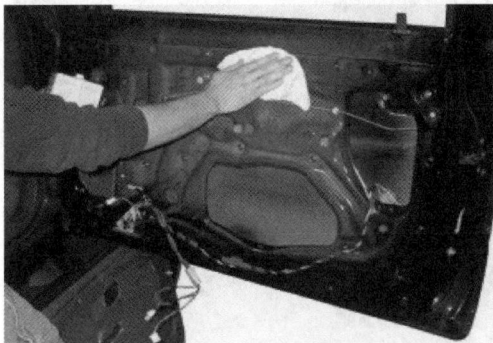

图 11-11　清洗

图 11-12　裁剪

第五步：裁剪隔声材料。

为了得到最好的隔声效果，我们需要根据车门的形状和实际贴隔声的工作面，将隔声材料用工具裁剪到合适尺寸。对于车门里侧的隔声材料，可以使用前面拆下来的防水膜作为模板来裁剪，如图 11-12 所示。

对于车门外侧（即门里面），则需要量好尺寸后再裁剪，如图 11-13 所示。

注意：确保隔声材料不会影响车门内任何活动部件的工作。

第六步：贴隔声材料。

使用贴隔声材料专用滚轮工具将隔声材料贴在车门的金属面上。

如果有气泡的话，可以用小刀或者针刺的方法将气泡处理掉，要确保完整的贴合和没有气泡才能有效地起到隔声和消除共振的作用，如图 11-14 所示。

图 11-13　裁剪隔声材料

图 11-14　安装隔声材料

确保隔声材料和车门轮廓完全贴合，如图 11-15 所示。

第七步：装回车门饰板。

隔声完成后，将喇叭和车门内饰板装回原位，如图 11-16 所示。

图 11-15　安装隔声材料

图 11-16　安装内饰板

四　评价与反馈

1 自我评价

(1)通过本学习任务的学习你是否已经知道以下问题:

①底盘装甲的种类。

②底盘装甲的意义。

③物理装甲的材料种类。

(2)化学装甲操作过程中用到了哪些设备?

_____

_____。

(3)实训过程完成情况如何?

_____

_____。

(4)通过本学习任务的学习,你认为自己的知识和技能还有哪些欠缺?

_____

_____。

签名:_____　　_____年____月____日

2 小组评价

小组评价表见表11-1。

小 组 评 价 表　　　　　　表 11-1

1	着装是否符合要求	
2	是否能合理规范地使用工具和设备	
3	是否按照安全和规范的流程操作	
4	是否遵守学习、实训场地的规章制度	
5	是否能保持学习、实训场地整洁	
6	团结协作情况	

参与评价的同学签名:_____　　_____年____月____日

3 教师评价

_____

_____

_____

教师签名:_____　　_____年____月____日

五 技能考核标准（表11-2）

技能考核标准表　　　　　　　　　　　表11-2

序号	项目	操作内容	规定分	评分标准	得分
1	化学装甲	车辆的交接检查	5	记录信息是否全面,划痕损伤等是否记录	
		确认发动机是否关闭	3	是否有检查动作	
		确认检查设备工具的正常	3	是否有检查动作并给出正确结论	
		确认举升机是否使用保险装置	3	是否有检查动作并给出检查结果	
		清洗前确认是否拆卸相关配件	5	是否拆卸挡泥板等相关配件	
		检查是否用吹水枪将缝隙中的水吹出,并用毛巾将水擦干	5	是否进行此操作	
		是否进行各个部位的防护	15	是否进行此操作	
		喷涂的厚度	18	是否达到操作要求标准	
		是否对误喷位置进行清洁	5	是否进行操作	
		是否说明完工后的干燥时间	10	是否有提醒	
		确认车辆排放是否合格	7	是否正确判断结果	
2	物理装甲	车辆的交接检查	5	记录信息是否全面,划痕损伤等是否记录	
		确认发动机是否关闭	8	是否有检查动作	
		确认举升机是否使用保险装置	3	是否有检查动作并给出检查结果	
		确认检查设备工具的正常	8	是否有检查动作并给出正确结论	
		螺栓安装	5	是否确认螺栓都已紧固	
		总分	100		

学习任务 12　汽车功能改装与升级——增压系统改装

学习目标

⭐ **知识目标**

1. 了解增压系统种类;

2. 知道机械增压与涡轮增压的特点;

3. 知道增压系统改装的部件。

⭐ **技能目标**

能完成汽车涡轮增压的改装。

建议课时

8 课时。

任务描述

小张通过开店前的大量调查认识到,随着汽车的普及,年轻人对于汽车动力的追求也越来越极限化,涡轮增压的改装也普遍化。涡轮增压(Turbo Boost),是一种利用内燃机(Internal Combustion Engine)运转产生的废气驱动空气压缩机(Air-compressor)从而提高动力的技术。

一　理论知识准备

汽车发动机增压系统是将吸入的空气加压到超过正常气压的装置。发动机是靠燃料在汽缸内燃烧从而对外输出功率,在发动机排量一定的情况下,若想提高发动机的输出功率,除了多提供燃料燃烧外,就是提供更多的空气,发动机采用增压系统可提高发动机进气压力,改善空燃比,使发动机燃烧更完全,提高热效率,增加发动机功率,并改善燃油的经济性。

❶ 增压系统种类

汽车发动机的增压系统主要有机械增压、废气涡轮增压和复合增压三类。

1) 机械增压系统

机械增压系统通过传动带(或传动链)与发动机曲轴相连接,从发动机输出轴获得动力来驱动增压器的转子旋转,从而将空气增压吹到进气管道里,如图 12-1 所示。该系统的优点是转子的速度与发动机转速是相对应的,没有滞后现象,动力输出更为流畅。但由于它要消耗部分发动机动力,会导致增压效率和经济性不高。

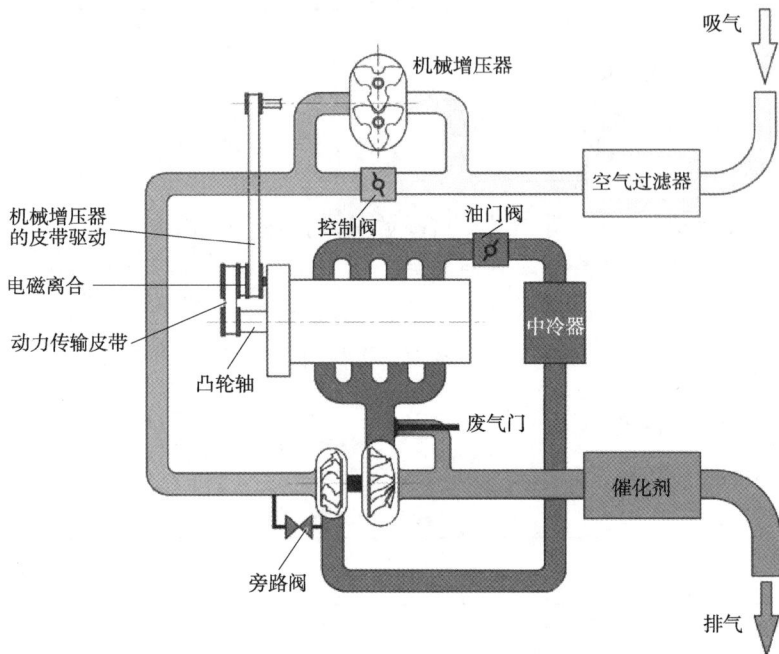

图 12-1　机械增压工作流程

机械增压器有鲁式、双螺旋式和离心式三种类型。它们的主要区别在于将空气吸入发动机进气歧管的方式不同。鲁式和双螺旋式机械增压器使用不同类型的啮合凸缘,而离心式机械增压器使用叶轮吸入空气。尽管这三种设计都能产生增压效果,但在效率上却有很大差别。各个类型的机械增压器都有不同的尺寸,具体选择哪一种取决于车主是只想提升汽车的动力,还是想去参加赛车运动。

(1)鲁式机械增压器。鲁式机械增压器是一种老式增压器,体积很大,一般安装在发动机的顶部。其工作原理是:当啮合凸缘旋转时,空气会被吸入凸缘之间的气槽中,然后在进气口和排气口之间传送,大量的空气将进入进气歧管,并累积起来产生正压力,如图12-2 所示。也正因为如此,鲁式机械增压器只不过是鼓风机,而"鼓风机"一词也常用来描述所有的机械增压器。

(2)双螺旋式机械增压器。双螺旋式机械增压器与鲁式机械增压器相似,也安装在发动机的上方,通过两根类似于一组涡轮传动的啮合凸缘吸入空气,如图12-3 所示。其空气也是通过旋转凸缘集中起来吸入的,但双螺旋式机械增压器会压缩转子壳体内的空气。其原因在于这些转子具有锥度,这意味着随着空气从进气口流向排气口,气穴会变小。随着气穴的收缩,空气便被压入到更小的空间。这使双螺旋式机械增压器的效率更高,但需要在制造过程中精密加工螺旋形转子,从而增加了成本。双螺旋式机械增压器也会发出很大的噪声,从排气口排出的压缩空气会发出轰鸣声,因此必须使用降噪技术消除这些声音。

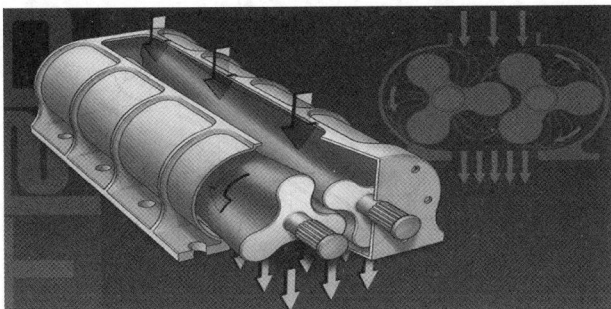

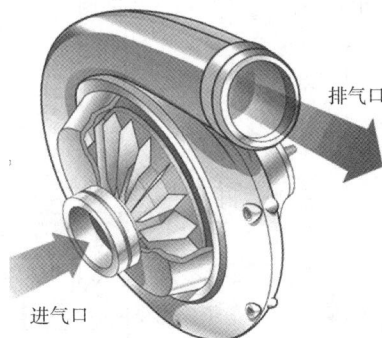

图 12-2　鲁式机械增压器

(3)离心式机械增压器。在所有机械增压系统中,离心式机械增压器是最有效率、最普遍的一种增压器。它体积小,质量轻,安装在发动机的前面,利用叶轮(一种类似于转子的装置)提供动力,将空气高速吸入狭小的压缩机壳体,如图 12-4 所示。叶轮与转子相似,其转速可达 5 万 ~ 6 万 r/min。由于空气在叶轮轮毂处被吸入,因此离心力会导致空气向外扩散。这些空气会使叶轮处于高速低压状态。扩压器是一组环绕叶轮的固定叶片,它会将高速低压的空气转换成低速高压的空气。当空气分子碰到这些叶片时,会减慢速度,从而降低气流速度以及增加压力。

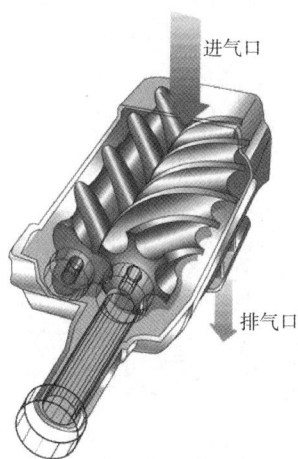

图 12-3　双螺旋式机械增压器　　　　图 12-4　离心式机械增压器

所有这些机械增压器均可以作为售后汽车的动力增强装置安装到汽车上。有许多公司提供成套的产品,用于客户自己动手安装机械增压器。在有趣的汽车和燃油赛车的世界里,这种定制已成为体育运动不可分割的一部分。很多汽车制造商也会在其产品样车上安装机械增压器。

2)涡轮增压系统

涡轮增压系统是利用发动机排出的废气惯性冲力来推动涡轮室内的涡轮、涡轮又带动同轴的压气机叶轮,叶轮压送由空气滤清管道送来的空气,使之增压进入进气歧管,最后进入汽缸,如图 12-5 所示。发动机转速增快,废气排出速度与涡轮转速也同步增快。叶轮就压缩更多的空气进入汽缸,空气的压力和密度增大可以燃烧更多的燃料,相应增加燃料量就可以增加发动机的输出功率。一般而言,加装废气涡轮增压器后的发动机功率及转矩要增大 20% ~ 30%。

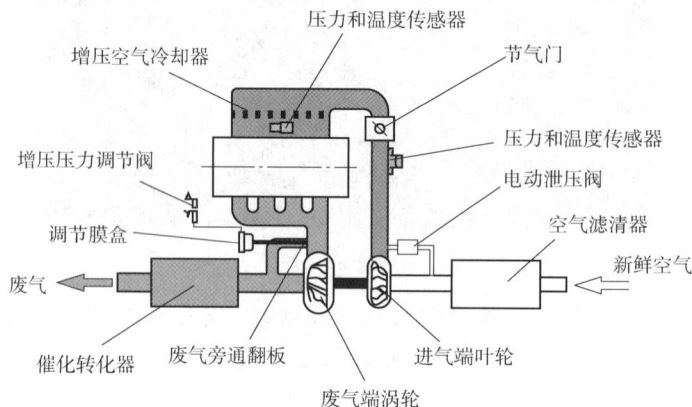

图 12-5 涡轮增压工作流程

涡轮增压器由涡轮机和压气机组成。涡轮机进气口与排气歧管相连,排气口接在排气管上;压气机进气口与空气滤清器管道相连,排气口接在进气歧管上。涡轮叶轮和压气机叶轮分别装在涡轮机和压气机内,两者同轴刚性连接,如图 12-6 所示。

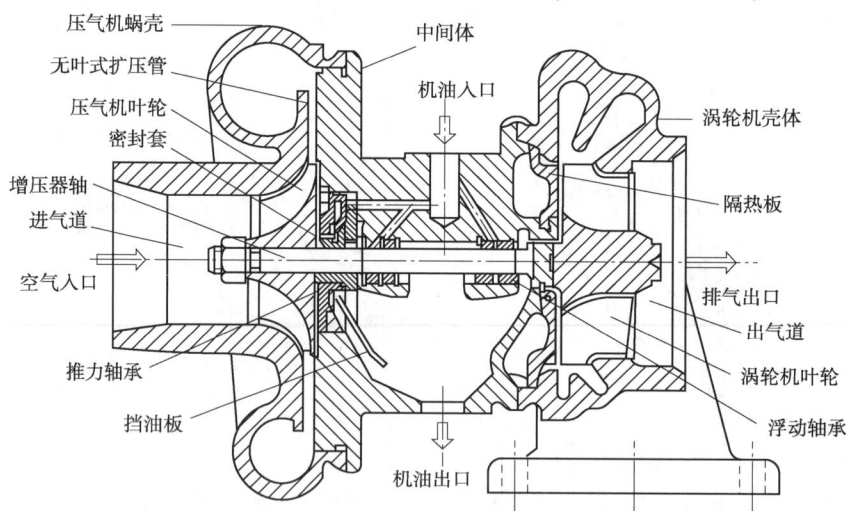

图 12-6 涡轮增压器组成

3)复合增压系统

复合增压系统即机械增压和涡轮增压并用,这种装置在大功率柴油机上采用比较多,其发动机输出功率大、燃油消耗率低、噪声小,只是结构太复杂,技术含量高,维修困难,因此很难普及。

复合增压系统的结构主要有以下两种:

（1）串联复合增压。在这种增压系统中,空气先经涡轮增压器提高压力后,进入中间冷却器降温,再经机械增压器增压。这种增压方式主要用于高增压发动机上。

（2）并联复合增压。由机械增压器和涡轮增压器同时向发动机供给增压空气。在低转速范围主要靠机械增压,而在高转速范围主要靠涡轮增压。这种增压系统使发动机低速转矩特性得到改善。

❷ 机械增压系统与涡轮增压系统化较

1）机械增压系统的特点

与涡轮增压系统相比,机械增压系统具有以下特点:

（1）机械增压器没有增压延时:驾驶人踩下加速踏板到发动机响应这段时间的长短。涡轮增压器存在增压延时,因为它需要一段时间,让排出的气体达到一定速度以加快叶轮的转速。机械增压器没有延时是因为它们直接通过曲轴获得动力。某些机械增压器在低转速时效率比较高,而另一些在高转速时效率比较高。例如,鲁式和双螺旋式机械增压器在低转速时可提供更多的动力。离心式机械增压器在叶轮快速旋转时效率较高,从而能在高转速时提供更多的动力。

（2）机械增压器安装方便。安装一台涡轮增压器需要对排气系统做大幅度的调整,但机械增压器只要装在发动机顶部或旁边就可以了。因此,安装机械增压器更方便,同时也更容易使用和维护。

（3）机械增压器停止工作时不需要分门关闭。因为它们不用发动机润滑油进行润滑,便可以正常关闭,而涡轮增压器必须等待30s或预先关闭,以便润滑油冷却。

由于机械增压系统由曲轴带动,所以必须损耗一部分发动机功率,因此燃油消耗率比使用涡轮增压系统的发动机略高。

2）涡轮增压系统的特点

与机械增压系统相比,涡轮增压系统具有以下特点:

（1）结构简单。增压器与发动机只有气体管路连接而无机械传动,因此增压方式结构简单,发动机质量及体积增加很少。

（2）节省能源。由于废气涡轮增压回收了部分能量,故增压后发动机经济性也有明显提高,再加上相对减小了机械损失和散热损失,提高了发动机的机械效率和热效率,使发动机涡轮增压后燃油消耗率可降低5%～10%。

（3）对海拔变化有较强的适应能力。在高海拔地区,通常普通发动机的动力会减小,因为在活塞的每个行程中,发动机都只能获得少量的空气。涡轮增压发动机可能同样会减小动力,但减小量会少很多,因为稀薄的空气会更容易被涡轮增压器抽入发动机,所以装有废气涡轮增压的汽车在高原地区具有明显的优势。

涡轮增压的确能够提升发动机的动力,不过它的缺点也有不少,其中最明显的就是踩下加速踏板与汽车动力反应滞后,这是由于叶轮的惯性作用造成节气门突然变化反应迟缓的。从脚踩下加速踏板加大转速,到叶轮转速提高将更多空气压进发动机获得更大动力之间存在一个时间差,这个时间一般要2s左右。如果要突然加速的话,瞬间会有提不上速度的感觉。同时,当放松加速踏板需要降速时,涡轮惯性作用会使增压机的速度一时难以同步下降。此外,还有造价成本高、发动机寿命短、油耗高、维护费用高等问题。

3 增压系统改装的部件

目前发动机增压系统改装大都是将普通自然吸气发动机加装废气涡轮增压系统。加装该系统需准备部件有:废气涡轮增压器、旁通阀、卸压阀、排气歧管和排气管,进气冷却器、进气管、爆震传感器、涡轮延时熄火器等。

1)废气涡轮增压器

废气涡轮增压器安装在排气歧管旁,如图12-7所示。选择废气涡轮增压器必须要符合排气歧管和排气管的规格。同时还考虑以下因素:

图12-7 废气涡轮增压器

(1)涡轮尺寸。增压器内的涡轮尺寸决定了吹气量的多少、尺寸较小的涡轮,其作用时机早,起速较快,在普通道路行驶或者自动挡车辆都应优先选择此种涡轮。那么哪种情况的升级改装需要选用号数较大的涡轮呢?大致上有两种情况:

①现有的涡轮已经无法在高挡高负荷时维持增压力,也就是说,高转速时涡轮增压表的压力数值会有下降的现象,表示此涡轮在高转速时所吹出的气量已经满足不了发动机所需的气量,所以压力表的表压才会开始走下坡路。

②为了提升更大的功率,才要换用大号的涡轮。但是较大涡轮却容易使发动机在低转速时运转不稳,会出现明显的反应迟滞现象。

(2)叶轮形状。由于汽油发动机转速范围宽,空气流量变化大,因此涡轮增压器的压缩叶轮外形是复杂的三元曲面超薄壁叶轮片,一般有12～30片叶片,采用放射线状曲线排列,叶片厚度只有0.5mm以下,采用铝材用特殊铸造法制作。叶片形状的优劣直接影响到涡轮增压发动机的性能。因为叶轮形状角度越合理、质量越轻,叶轮的起动就越灵敏,涡轮增压器的缺陷"反应滞后"也就越小。

2)旁通阀

有的涡轮增压器是发动机的废气全部要通过涡轮机,发动机在高速、高负荷下运行时,排气量过大,涡轮增压器转速过高,增压压力过大。不利于发动机稳定的燃烧,容易发生爆震,同时降低增压器的寿命。但在低速时,废气流量小,增压压力低。怠速可能不稳,易熄火,低速转矩降低。假如发动机配置的增压器主要按中高速匹配,那么在低速时增压压力就会不足,不得不通过增压补偿器限制低速时的供油量。这种匹配主要适用于汽车经常在高速行驶的条件下使用。还有的增压器是以中低速配置,其基本工作原理和一般的废气涡轮增压器相同。

带有旁通阀的涡轮机只是在涡轮进口处多了一个废气旁通阀及执行器,用以控制增压压力。当增压压力达到一定程度时,克服弹簧的张力,通过推杆、曲柄使旁通阀开启。部分废气经旁通道直接排出,减少了进入涡轮机的废气量,使增压压力下降。电喷发动机根据增压压力、转速、是否发生爆震等条件利用 ECU 控制旁通阀门的开闭。

3)卸压阀

很多增压器上设有卸压阀,其作用是提升响应效果和保护涡轮组件。在高增压的状态下,节气门开度如果不大,被压缩的空气将无处排泄,在此状态下,必须把压力卸掉,卸压阀的作用就是把多余的废气直接通到排气尾管,该装置既可提高响应时间,又保护了涡轮增压器。

4)排气歧管

在正常的模式下,要更换升级的排气歧管到涡轮壳进气口这段管路,使这段管路的弯曲角度减少后,涡轮压力会增加约 $10^4 Pa$。以市面上的套件而言,最好是选择有开模制造的前段,其内壁的平滑度较佳且维修拆装难度比较低,今后的维护也比较简易。

5)进气管

加装废气涡轮增压系统应更换大口径进气管。除了空气滤芯脏污外,进气管径过小或材质过软,也会造成吸气不顺畅。许多加大原厂涡轮号数或增压值的车辆,在进行涡轮号数或增压值提升的同时,倘若未将进气管路口径一并加大,很容易在高转速或急加速时,因管径的单位时间空气流量低,不能满足增加后的涡轮吸气量,形成吸气不顺的问题。如果此时管径的材质偏软,就有可能发生整个进气管路被吸扁,导致涡轮吸不到气的窘境,如此一来将会使增压器轴心向进气一侧推挤(真空效应),造成油封受损,甚至还会将轴心内的润滑油吸出,造成进气叶片与进气冷却器里都是润滑油的现象,在维修中就发现有的车中冷器还可以倒出润滑油。所以在进行高增压和加大涡轮号数的改装时,建议换装大口径的进气管。

6)进气冷却器

进气冷却器又称中间冷却器,简称中冷器。涡轮增压器吸进的空气经压缩后温度会增高,空气在流动过程中与进气管壁摩擦还会进一步升温,这样不仅影响充气效率,还容易产生爆震,因此必须设置进气冷却器,以降低进气温度。

进气冷却器安装在涡轮增压器出口与进气管之间,对进入汽缸的空气进行冷却。它就像散热器,用风或水冷却,空气的热量通过它而逸散到大气中去。据测试,性能良好的进气冷却器不但可以使发动机压缩比保持一定比值而不会产生爆震,同时降低了温度也可提高进气压力,进一步提高发动机的有效功率。

7)爆震传感器

除了降低温度来减少爆震的可能外,还要采用爆震传感器,它的作用就是在产生爆震之时,传感器感到不正常的振动波会立即将信息反馈至发动机 ECU 控制系统,将点火定时稍推迟一点,如果不产生爆震再恢复正常点火定时。

8)涡轮延时熄火器

由于使用涡轮增压的发动机,涡轮的工作温度在 600℃ 以上和每分钟上万转的超高转速,因此涡轮增压器的关键是要有可靠的润滑,而这全靠发动机润滑油进行润滑和冷却。如果高速运转后发动机突然熄火,在巨大惯性作用下涡轮不会在短时间内停止,由于发动机已经停止运转,润滑油的循环也停止了,对涡轮增压器的润滑和冷却也会中止。其结果是对涡轮增压器本身会产生损害。因此,为保护涡轮增压器,需安装一个"涡轮延时熄火器"。此时就算拔掉车钥匙,这个装置也能自动让发动机再保持一定时间的怠速运转,然后再自行熄火,从而有效地保护涡轮机。

二 任务实施

1 增压系统改装的方法

1)安装

第一步:准备新件,涡轮增压配件的型号应与被改车辆相符,如图 12-8 所示。

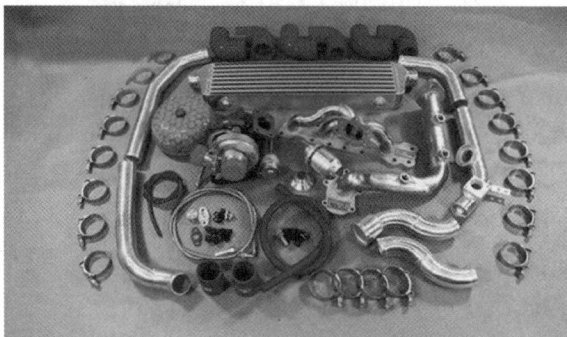

图 12-8　新件

第二步:安装排气歧管,图 12-9 所示为原装与改装后的对比。

图 12-9　原装与改装对照图

第三步:安装涡轮增压器,如图 12-10 所示,安装在进气歧管部位。

第四步:安装进气系统图,如图 12-11 所示。

第五步:安装冷却系统,中冷器、冷却水管如图 12-12 所示。中冷器应该安装在车辆的前部,因为在车辆行驶中的风力也有降温作用。

图 12-10　安装进气歧管

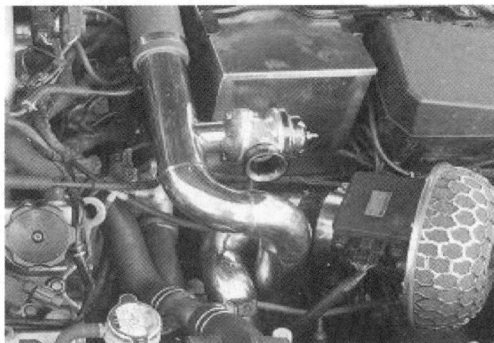

图 12-11　安装进气系统

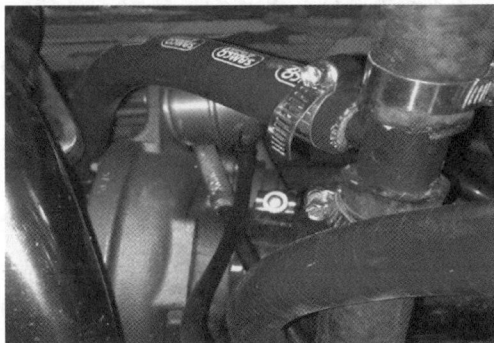

图 12-12　安装中冷器

第六步:安装外挂电脑,要将原车的线路破开,把外挂电脑的线连接进去,这样外挂电脑就会发出信号来欺骗原车电脑,修改喷油量和节气门开度、进气量还有曲轴传感器的数据。

第七步:电脑编程后清除故障码。

2)调节

目前的涡轮增压器的调节装置大都在排气侧进行调节,当不需要增压时,例如怠速或者有爆震先兆时,一部分排气会通过旁通阀泄出而不进入涡轮增压器。当发动机转速达到 1800r/min 时,电磁阀就会关闭旁通阀让排气流指向涡轮一侧,使涡轮转动。另外还有一种设计,就是调节涡轮叶片的角度,通过阻力的改变来调节涡轮的转速,从而改变增压量,这种涡轮的价格要高些。

3)润滑

涡轮增压器的关键零件是轴承,保证其润滑是非常重要的。如果因油压低导致润滑油供给缓慢,就会损坏轴承从而导致涡轮增压器失效。正常的发动机起动是不会发生此类故障的,但如果发动机更换润滑油和润滑油过滤器后第一次起动,就会产生润滑油供给缓慢的现象,使轴承缺乏润滑油润滑。在这种情况下,起动后要怠速运转3min左右,不可直接将转速提升到涡轮增压器的起动转速。同样,在高速及上坡后也不要使发动机立即停止,要使发动机继续怠速运行1min左右,使仍继续空转的涡轮增压器轴承不会缺油。

❷ 涡轮增压发动机的使用与维护

由于涡轮增压器工作的环境经常处于高速、高温条件下,增压器废气涡轮端的温度在600℃以上,增压器的转速也非常高,因此为了保证增压器的正常工作,对它的正确使用和维护十分重要。涡轮增压发动机在使用中应注意以下事项。

1)注意升温

汽车发动机起动之后,不能急踩加速踏板,应先怠速运转3min,这是为了使润滑油温度升高,流动性能变好,从而使涡轮增压器得到充分润滑,然后才能提高发动机转速,起步行驶,这点在冬天显得尤为重要,至少需要热车5min。

2)注意熄火

发动机长时间高速运转后,不能立即熄火。原因是发动机工作时,有一部分润滑油供给涡轮增压器转子轴承润滑和用于冷却的,正在运行的发动机突然停机后,润滑油压力迅速下降为零,润滑油润滑会中断,涡轮增压器内部的热量也无法被润滑油带走,这时增压器涡轮部分的高温会传到中间,轴承支承壳内的热量不能迅速带走,而同时增压器转子仍在惯性作用下高速旋转。这样就会造成涡轮增压器转轴与轴套之间"咬死"而损坏轴承和轴。此外发动机突然熄火后,此时排气歧管的温度很高,其热量就会被吸收到涡轮增压器壳体上,将停留在增压器内部的润滑油烤成积炭。当这种积炭越积越多时就会阻塞进油口,导致轴套缺油,加速涡轮转轴与轴套之间的磨损。因此发动机熄火前应怠速运转3min,使涡轮增压器转子转速下降。此外值得注意的就是涡轮增压发动机同样不适宜长时间怠速运转,一般应该保持在10min之内。

3)注意润滑油

由于涡轮增压器的作用,使进入燃烧室的空气质量与体积有大幅度的提高,发动机结构更紧凑、更合理,较高的压缩比,使发动机的工作强度更高。机械加工精度也更高,装配技术要求更严格。所有这些都决定了涡轮增压发动机的高温、高转速、大功率、大转矩、低排放的工作特点。同时也就决定了发动机的内部零部件要承受较高的温度及更大的撞击、挤压和剪切力的工作条件。所以在选用涡轮增压轿车车用润滑油时,就要考虑到它的特殊性,所使用的润滑油必须抗磨性好,耐高温,建立润滑油膜快,油膜强度高和稳定性好。而合成润滑油或半合成润滑油恰好可以满足这一要求,所以润滑油除了最好使用原厂规定润滑油外还可以选用合成润滑油、半合成润滑油等高品质润滑油。

4）注意清洁

发动机润滑油和滤清器必须保持清洁，防止杂质进入，因为涡轮增压器的转轴与轴套之间配合间隙很小，如果润滑油润滑能力下降，就会造成涡轮增压器过早报废。同时需要按时清洁空气滤清器，防止灰尘等杂质进入高速旋转的压气叶轮，造成转速不稳或轴套和密封件加剧磨损。

5）注意检查

（1）要经常检查涡轮增压器的密封环，因为如果密封环损坏，废气就会通过密封环进入发动机润滑系统，使润滑油变脏，并使曲轴箱压力迅速升高，此外发动机低速运转时润滑油也会通过密封环从排气管排出或进入燃烧室燃烧，从而造成润滑油的过度消耗，产生俗称的"烧机油"情况。

（2）要经常检查有没有异响或者不正常的振动，润滑油管和接头有没有渗漏。

6）注意维护

增压器是一个精密部件，在维护中如需要分解，必须严格按说明书操作，尽可能熟悉其结构，不应乱拆，增压器的旋转零件都经过整体平衡试验，分解时应做上记号，以免装配时破坏其原有动平衡。

三 学习拓展（节气门加大）

1 加大节气门直径

将节气门的直径加大，同样的节气门开闭角度便能有更大的进气量，如图 12-13 所示。改装的方法是：

1）换件改装

换件改装就是购买高性能大口径节气门整件进行更换。更新的节气门经过专门的设计和加工，精密度更有保障。换装大口径节气门后往往会让流量计信号异常、行车电脑控制信号栏位等情况，因

图 12-13　原节气门和加大的节气门

此就需要对行车电脑管理程序进行修改或重新输入。

2）加工改装

加工改装就是对原厂节气门进行加工，使其内径扩大。其操作步骤是：

（1）拆卸节气门。

①全面检查节气门构造及接线，制定拆卸流程；

②拆电源线负极；

③拆除空气滤清器及进气管；

④电源线拆除 10min 后，拆除节气门怠速电动机连接线和节气门位置传感器连接线；

⑤拆卸加速踏板线；

⑥拆卸节气门的固定螺栓；

⑦拆下节气门。

（2）测量节气门尺寸，确定改造方案。测量节气门进口和出口尺寸，然后确定节气门加大的方案。以切诺基为例，原厂节气门进口直径为65mm、出口直径为53mm，改造方案为：进口直径不变，出口直径由53mm扩张到60mm，如图12-14所示。

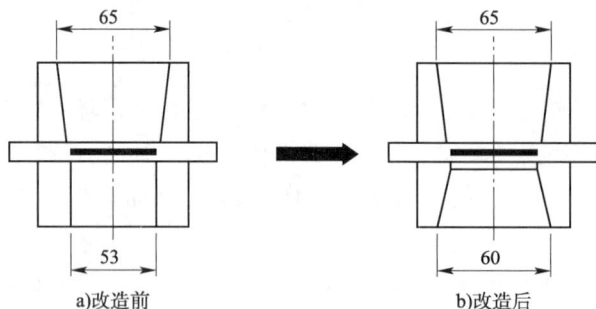

a)改造前　　　　　　　　b)改造后

图12-14　改装前后对比

（3）加工节气门内壁。按改造方案确定的尺寸，用车床像镗缸一样对节气门内壁进行加工。同时对进气歧管进行相应加工。

（4）加工片状阀门。节气门经加工孔径增加后，应加工出直径与节气门内径完全相等的片状阀门，以保证密合度，防止节气门迟滞、怠速不稳等情况发生。还有就是对片状阀门转动轴进行削薄处理，以防止转动轴干扰进气流的稳定。除此之外，还要注意片状弹簧应采用和原厂一样的材质制作，防止阀门与阀体内壁因材料间膨胀系数不同产生密合度不良的问题。另外，加工时还要预留出片状阀门转动时所需的约3°的坡度。

2 装复

节气门和进气歧管加工完毕后，按拆卸的相反顺序将进气歧管、节气门及连接线装复。

四 评价与反馈

1 自我评价

（1）通过本学习任务的学习你是否已经知道以下问题：

①增压系统的种类。

②各种增压系统的特点的意义。

③增压系统的各种部件作用。

④涡轮增压发动机使用注意事项。

_____

_____

（2）改装中需要用到哪些设备？

_____

_____

（3）实训过程完成情况如何？

_____ 。

(4)通过本学习任务的学习,你认为自己的知识和技能还有哪些欠缺？

_____
_____ 。

签名：_____ _____年___月___日

② 小组评价

小组评价表见表12-1。

小　组　评　价　表　　　　　　　　　　表12-1

序号	评 价 项 目	评 价 情 况
1	着装是否符合要求	
2	是否能合理规范地使用工具和设备	
3	是否按照安全和规范的流程操作	
4	是否遵守学习、实训场地的规章制度	
5	是否能保持学习、实训场地整洁	
6	团结协作情况	

参与评价的同学签名：_____ _____年___月___日

③ 教师评价

_____
_____

教师签名：_____ _____年___月___日

五 增压系统改装技能考核标准（表12-2）

增压系统改装技能考核标准表　　　　　　　　表12-2

序号	项目	操 作 内 容	规定分	评 分 标 准	得分
1	涡轮增压改装	车辆的交接检查	5	记录信息是否全面,划痕损伤等是否记录	
		安全防护	5	车上是否配置保护套件	
		确认发动机是否关闭	5	是否有检查动作	
		确认检查设备工具的正常	5	是否有检查动作并给出正确结论	
		确认举升机是否使用保险装置	5	是否有检查动作并给出检查结果	
		断电	5	工作前是否断开蓄电池的负极桩头	
		排气歧管安装	20	位置判断是否正确	
		进气歧管安装	15	各部件的组装是否正确	
		中冷器安装	20	安装位置是否适合	
		电脑编程	5	电脑编程调节	
		工具使用	5	是否选择合适的工具进行施工	
		场地5S	5	施工结束后场地卫生情况	
总分			100		

项目四　配件、库存与设备管理

学习任务 13　配件管理

学习目标

⭐ 知识目标

1. 掌握汽车配件的检索工具和主要形式；
2. 掌握汽车配件检索方法；
3. 掌握配件的订货程序；
4. 熟悉配件的订货原则。

⭐ 技能目标

1. 能进行汽车配件检索；
2. 能按照流程进行配件订货。

建议课时

2 课时。

任务描述

客户李某进店需要选配汽车导航仪一部，业务接待进入仓库，按要求检索客户所需汽车导航。经查询发现没有满足要求的现货，需要订货，管理配件的小王根据客户要求，按照订货程序、原则及方法为客户订货。

一 知识准备

（一）汽车配件检索工具

通过检索工具可以准确和迅速地查找配件编号，一般来说，汽车配件的检索工具有配件手册、电子配件目录等形式。其内容基本一样，只是所使用的载体不同。

❶ 配件手册

配件手册是汽车制造厂根据每一种车型具体编辑的一本手册，内容包括该车型所有配件的名称、零件编号、单车用量以及待用零件编号等详细信息，并附有多种检索方法，可以按照零件名称、零件编号、汽车分类等信息检索。配件手册的主要优点是费用低、使用方便。缺点是体积大，需要较大的存放空间，携带不方便。汽车配件手册如图 13-1 所示。

❷ 电子配件目录

电子配件目录是采用 CD 光盘为载体存储配件查询信息的一种形式。计算机光盘容量大，一张光盘可以容纳多个车型甚至是多家公司全部车型配件手册的内容。光盘系统查询方式灵活多样，非常方便。随着汽车修理、汽车配件及汽车企业计算机管理的普及，光盘应用越来越广泛。光盘存储形式的电子目录具有信息承载量

图 13-1 汽车配件手册

大、查询简单、更新方便、成本低等特点，因此在汽车配件经销领域得到了广泛应用。

（二）汽车配件检索方法

汽车配件检索主要有以下几种方法。

❶ 按零件名称索引

在进口汽车配件手册中均附有按零件名称字母顺序编排的索引，如果知道该零件的英文名称，即使缺乏专业知识的人员，用该方法也能较快地查找该零件的有关信息。

❷ 按汽车总成索引

把汽车零件按总成分类列表，如发动机、传动系、车身附件等。根据零件所属总成，查出对应的地址编号和模块编号，再根据编号查询出该零件的有关详细信息。

不同的汽车公司总成分类也有所不同，因此，该方法适用于对汽车零部件结构较熟悉的专业人员使用。

❸ 按零件图形（图号）索引

把汽车整车分解成若干个模块，采用图表结合的方式，用爆炸图即立体装配关系展开图能直观、清楚地显示各个零件的形状、安装位置及其装配关系，并在对应的表中列出零件名称、零件编号、单车用量等详细信息。用该方法能直观、准确、方便迅速地确定所需配件。

4 按零件编号索引

零件编号索引是根据零件编号大小顺序排列的,一般汽车零件上均有该零件的编号,根据零件编号,可以查出该零件的地址编码或所在页码,然后查询详细信息。该方法能准确、迅速地查询到该零件的相关信息。

(三)汽车零件编号体系和原则

现以日本丰田——大发系列汽车配件编号为例作简要介绍。

$$\underbrace{\times\times\times\times\times}_{①}——\underbrace{\times○○\times\times}_{②}——\underbrace{\times\times\times}_{③}$$

(×:数字,○:字母或数字)

①:基础号码,表示配件名称。

②:设计号码,表示每个配件的车型、规格尺寸及设计改进顺序。

③:颜色号码,当某一配件需要颜色区别时,在此用数字表示其颜色。

1 一般配件号的编号规则

1)基础号码

$$\underbrace{\times\times}_{①}\ \underbrace{\times\times}_{②}\ \underbrace{\times}_{③}$$

①:小组编码,根据功能将一般配件分组。

②:部位编码,小组编码相同的配件在按配件给予两位数字代码进行区分。

③:细分编码,前两项还不能确定一项配件时,再给予一位数字代码进行区分,仅用于总成件或分总成件,不用于单一配件。

2)设计号码

分大发专用配件和丰田通用配件两种。

$$\times○○\times\times$$

(1)大发专用配件:前两位数字为87,第三位是车牌名代码,最后两位是设计顺序编码。

(2)丰田通用配件:前两位为发动机型号代码,第三、四位是设计代码,最后一位是主要件设计更改代码。

3)颜色号码:

$$\times\times\times$$

第二位为颜色的代号,详见表13-1。

汽车颜色代码　　　　　　　　　　　　　　表13-1

颜色代号	颜色	颜色代号	颜色
1	黑	6	棕
2	红	7	绿
3	灰	8	乳白
4	蓝	9	黄
5	米黄		

❷ 标准配件的编号规则

标准件指丰田、大发工业公司按国际标准化组织确定规格的配件,包括螺栓、螺钉、垫圈、铆钉、销、V带、油封、滚动轴承、衬套等。编号规则如下。

1)基础号码组

$$\underline{×}\quad\underline{××}\quad\underline{××}$$
$$①\qquad②\qquad③$$

①:标准件的专用代码为9;
②:名称和种类的数字代码;
③:再细分名称的数字代码。

2)设计号码组

$$\underline{×}\quad\underline{○○××}$$
$$①\qquad②$$

①:第一位是材料或表面处理的数字代码;
②:尺寸的数字代码。各种标准件的尺寸编号方式不完全相同。如:螺栓、螺钉、铆钉类,第二、三位是实物的直径(mm),第四、五位是实物的长度(mm)。V带类,第二至第五位是实物圆周长度(mm)。

❸ 组合件号的编号规则

组合件的编号规则也分大发专用配件和丰田通用配件两种。两种配件的编号规则基础号码组与一般配件相同,设计号码组中略有不同。

1)大发专用配件的设计号码

$$\underline{×○}\quad\underline{○}\quad\underline{××}$$
$$①\qquad②\qquad③$$

①:大发专用配件代码为87;
②:车牌名代码;
③:组合件专用代码为80~90。

2)丰田通用配件的设计号码

$$\underline{×}\quad\underline{○}\quad\underline{○××}$$
$$\quad①$$

①:丰田通用代码为9。

❹ 国产汽车标准件的编号规则

Q	×	××	×	××××	×	T	××	F	××	•	×
①	②	③	④	⑤	⑥		⑦		⑧	⑨	⑩

国产汽车标准件编号组成如下:
①:第一部分,汽车标准件代号;
②:大类代号;

③:大类内序号,与②组成第二部分;

④:第三部分,变更代号;

⑤:第四部分,尺寸规格代号;

⑥:第五部分,全螺纹代号;

⑦:第六部分,非基本力学性能、材料代号;

⑧:第七部分,非基本表面处理代号;

⑨:分割点;

⑩:第八部分,总成件专用隶属件代号。

(1)第二部分中的"大类代号"以一位数字表示,其分类含义见表13-2。

大类代号数字含义   表13-2

代号	产品品种	代号	产品品种
1	螺柱、螺栓	6	螺塞、扩口式管接件、卡箍、夹片
2	螺钉	7	润滑脂嘴、密封件、连接叉、球头接头
3	螺母、螺母座	8	卡套式管接件
4	垫圈、挡圈、铆钉	9	其他
5	销、键	10	

(2)大类内序号,以两位数字表示,在01~99范围内顺序编号。在编号容量许可的条件下,第二位为偶数时(含"0")表示粗牙产品,为奇数时表示细牙产品。

(3)第三部分:变更代号,以一个汉语拼音字母表示,按B、C、D……顺序使用(不用字母"I"、"O"、"Q"、"Z")。

(4)第四部分:尺寸规格代号,依产品型号及其特征参数而定,用数字表示,其位数为2~3位或3~6位不等。

(5)第五部分:凡产品标准中规定制成全螺纹的,应加注全螺纹代号"Q"。

(6)第六部分:非基本力学性能、材料代号,产品标准中已规定基本的力学性能、材料,不标注代号。产品标准还规定了可选用的其他力学性能、材料,当选用这些要求时,应标注相应代号。

(7)第七部分:非基本表面处理代号,用法同上条。

(8)第八部分:总成件专用隶属件代号,仅用于该总成的零件,其代号以自1起的数字顺序表示,并以圆点分隔。

二 任务实施

(一)汽车配件订货管理基市知识

1 汽车配件进货渠道

对于汽车配件销售行业,现在大多数的公司都会到汽车配件生产厂家购货。而这些汽车配件生产厂家主要有三个类别,可划分为:A类厂、B类厂、C类厂。

1）A类厂

A类厂是全国有名的主机配套厂,这些厂知名度高,产品质量优,多是品牌产品。这类厂应是购货的重点渠道。其合同签订形式,可采取先定全年需要量的意向协议,以便于厂家安排生产,具体按每季度、每月签订供需合同,双方严格执行。

2）B类厂

B类厂虽生产规模、知名度不如A类厂,但配件质量还是有保证的,配件价格也比较适中。订货方法与A类厂不同,可以只签订短期供需合同。

3）C类厂

C类厂是一般生产厂,配件质量尚可,价格较前两类厂低。这类厂的配件可作为购货中的补缺。订货方法也与A、B类厂有别,可以电话、传真要货,如签订供需合同的话,合同期应短。

❷ 汽车配件进货渠道选择

汽车配件进货的需求方主要有非品牌的经销商和维修厂家、品牌经销商和维修厂、主机厂。根据汽车配件需求方的不同,其对汽车配件进货渠道的选择又有所不同。汽车配件进货渠道也可以分为以下三种。

1）非品牌的经销商和维修厂家进货渠道

非品牌的经销商和维修厂家是一些一般的经销商和维修厂家,他们可以销售多个品牌的汽车配件。这样的企业除一些小公司外,大多在汽车配件生产厂家购货。在购货渠道的选择上,应立足于以优质名牌厂家配件为主的购货渠道,但为适应不同层次的消费者的需求,也可采购一些非名牌厂家的产品,可按A、B、C类厂家顺序进行选择。但必须注意,绝对不能向那些没有进行工商注册、生产"三无"及假冒伪劣产品的厂家订货和采购。

2）品牌经销商和维修厂家进货渠道

品牌经销商和维修厂家是指主机厂给予授权,并只为该主机厂这一个品牌的车辆提供销售和售后服务的厂家,一般都是4S或3S店。这些企业的配件购货渠道受到主机厂严格的限制。一般来说,只有主机厂验收合格的4S或3S店才有资格正常订货,并有如下三点要求:

(1)正常订货应严格按订货日历订货;

(2)订购配件的唯一来源应为主机厂;

(3)严禁采购、售出、宣传任何非主机厂提供的相关产品。

3）主机厂进货渠道的选择

主机厂是指汽车的制造厂家,他们在汽车行业中拥有绝对的主导地位,任何和汽车相关的产业(包括汽车配件生产行业)都是他们的附属产业。因此,主机厂并不需要自己去寻找汽车配件购货渠道就会有很多汽车配件生产厂家找上门来,推销自己的汽车配件产品。主机厂经过严格的筛选后,选择质量好,价格优的汽车配件厂家签订供需合同,作为该主机厂的配套厂家。为了保证配件的质量,提高配件配套厂家的竞争意识。在同一个

配件上,主机厂往往会选择两个或多个配件生产厂家作为配套厂家。例如神龙汽车有限公司,他们在轮胎的选择上就有米其林、固特异、韩泰、锦湖等多个品牌的选择。

❸ 汽车配件订货的原则

订货管理的原则除了要求订购的配件适销对路外,还要求保质、保量。生产企业实行质量三包——包修、包退、包换,经营企业要设专职检验部门或人员,负责购进配件的检验工作,把住商品质量关。除此之外,订购配件还应遵循以下原则:

(1)积极合理地组织货源,保证商品适合用户的需要,坚持数量、质量、规格、型号、价格全面考虑的购进原则。

(2)购进商品必须贯彻按质论价的原则,优质优价,不抬价、不压价,合理确定商品的采购价格;坚持按需购货、以销定购;坚持"钱出去、货进来,钱货两清"的原则。

(3)购进的配件必须加强质量的监督和检查,防止假冒伪劣商品进入企业,流入市场。在配件采购中,不能只重数量而忽视质量,只强调工厂"三包"而忽视产品质量的检查,对不符合质量标准的商品应拒绝采购。

(4)购进的商品必须有产品合格证及商标。实行生产认证制的产品,购进时必须附有生产许可证、产品技术标准和使用说明。

(5)购进的商品必须有完整的内、外包装,外包装必须有厂名、厂址、产品名称、规格型号、数量、出厂日期等标志。

(6)要求供货单位按合同规定按时发货,以防应季不到或过季到货,造成商品缺货或积压。

(二)库存配件品种与最低安全库存量的确定

确定汽车配件订货的品种与数量是订货环节中的关键点。订货量过多会造成资金占用过大,空间不足,存在库存积压,产生配件损失的可能。订货量过低会影响维修进度,造成客户不满意,从而影响企业形象。因此在确定订货品种和数量时要谨慎对待。在订货时不能单考虑节约哪一项费用,必须综合分析,以销定进。

❶ 汽车配件订货品种

在汽车维修和汽车配件经营领域中,经常将汽车配件按以下标准进行分类:

(1)按汽车配件在汽车上的功能分类,见表13-3。

汽车配件按功能分类　　　　　　　　　　　　　表13-3

汽车零部件	主要包括:发动机、底盘、电气系统配件、车身及附件、维护工具等
汽车标准件	适用于汽车行业的标准件:如轴承、螺栓、垫圈、键等
汽车运行材料	如燃料、润滑油、制动液、冷却液、轮胎等
汽车美容材料	汽车内、外装饰用品,如车身保护蜡、挂件、玻璃贴膜等

(2)按汽车配件的结构情况分类,见表13-4。

(3)按汽车配件的来源分类,见表13-5。

汽车配件按结构分类　　　　　　　　　　　　　　　　　　表 13-4

零件	是一个不可在拆卸的整体。可以分为汽车专用零件和汽车通用标准零件
合件	是指将两个以上的零件装成一体,起着单一零件的作用,如带盖的连杆、成对的轴瓦等
组合件	是指由几个零件或合件组成一体,但不能单独发挥某种功能,如离合器压板及盖
总成件	由若干零件、合件、组合件组装成一体,能单独发挥某一项功能,如发动机总成、离合器总成
车身覆盖件	由板材冲压、焊接成形,并覆盖汽车车身的零件称为车身覆盖件,如散热器罩、发动机罩

汽车配件按来源分类　　　　　　　　　　　　　　　　　　表 13-5

原厂汽车配件	又称为纯正件,是使用整车生产厂家的原厂商标的装车件。其质量好,服务体系完善,但价格高,一般由原厂售后服务部门进行区域调配,也对外销售
配套厂汽车配件	是由整车厂认定的零部件配套厂生产的,除为整车提供配套装车件外,也可在整车厂许可的情况下对外销售配件,但不允许使用整车厂的品牌商标,均采用配套厂自己的品牌商标。其质量与原厂零部件区别不大,价格相对原厂件低一些
许可生产件	是指经整车生产厂家许可生产和销售且质量经整车厂认证的,主要用来维修汽车时使用的零配件。其价格相对原厂件和配套件便宜些
其他汽车配件	是指某些厂采用原厂图样或实物自行生产的零配件。一般价格低廉,质量参差不齐
拆车件和翻新件	拆车件是指从报废车辆上拆下的零件,常用于使用时间长的进口车辆的修理。翻新件是指经过专业厂重新修复或加工的旧件,一般能够满足汽车的使用性能,并有质量保障

❷ 汽车配件订货数量

确定配件订货的数量需要满足货品的需求量,即:

$$订货数量 \geq 需求量(销量)$$

考虑订货因素(每周期指每个订货周期),则:

库存数量 = 每周期需求量 + 每周期需求量 × 定发货天数/每周期天数 + 安全库存量

安全库存(又称缓冲库存):是指为了应对需求和供应的不确定性(如大量发生订货,交货期突然延迟等),防止缺货的损失而准备的库存。

❸ 合理进货量的确定方法

控制进货量是汽车配件销售企业确定每次购货多大数量为最佳购货量的业务活动,在购货时不能单考虑节约哪一项费用,必须综合分析,以销定进。购货量的控制方法有定性分析法和定量分析法两种,而定量分析方法又有经济批量法和费用平衡法两种。

1)定性分析法

(1)按照供求规律确定进货量。

①对于供求平衡、供货正常的配件,应采取勤进快销,多销多进,少销少进,保持正常周转库存。计算进货量的方法是:根据本期的销售实际数,预测出下期销售数,加上一定的周转库存,再减去本期末库存预算数,从而计算出每一个品种的下期进货数。

②对于供大于求,销售量又不大的配件,要少进,采取随进随销,随销随进的办法。

③对暂时货源不足,供不应求的紧俏配件,要开辟新的货源渠道,挖掘货源潜力,适当

多进,保持一定储备。

④对大宗配件,则应采取分批进货的办法,使进货与销售相适应。

⑤对高档配件,要根据当地销售情况,少量购进,随进随销。

⑥对销售面窄,销售量少的配件,可以多进样品,加强宣传促销,严格控制进货量。

(2)按照配件的产销特点确定进货量。

①常年生产、季节销售的配件,应掌握销售季节,季前多进,季中少进,季末补进。

②季节生产、常年销售的配件,要掌握销售季节,按照企业常年销售情况,进全进足,并注意在销售过程中随时补进。

③新产品和新经营的配件,应根据市场需要,少进试销,宣传促销,以销促进,力求打开销路。

④对于将要淘汰的车型配件,应少量多样,随销随进。

(3)按照供货商的远近确定进货量。

本地进货,可以分批次,每次少进、勤进;外地进货,适销配件多进,适当储备。要坚持"四为主,一适当"的原则,四为主:即本地区紧缺配件为主,具有知名度的传统配件为主,新产品为主,名优产品为主;一适当:即品种要丰富,数量要适当。

(4)按照进货周期确定进货量。

按照进货周期确定进货量的每批次进货能够保证多长时间的销售,这就是一个进货周期,进货周期也是每批次进货的间隔时间。

进货周期的确定,要考虑以下因素:配件销售量的大小、配件种类的多少、距离供货商的远近、配件运输的难易程度、货源供应是否正常以及企业储存保管配件的条件等。确定合理的进货周期,要坚持以销定进,勤进快销的原则,使每次进货数量适当。既要加速资金周转,又要保证销售正常进行;既要保证配件销售的正常需要,又不使配件库存过大。

2)定量分析法

定量分析法有经济批量法和费用平衡法两种。

(1)经济批量法。采购汽车配件既要支付采购费用,又要支付保管费用。采购量越小,采购的次数就越多,那么采购费用支出也越多,而保管的费用就越小。由此可以看出,采购批量与采购费用成反比,与保管费用成正比,运用这一原理可以用经济进货批量来控制进货批量。所谓经济进货批量是指在一定时期内在进货总量不变的前提下,求得每批次进货多少才能使进货费用和保管费用之和(即总费用)减少到最小限度。

在实际运用中,经济批量法可细分为列表法、图示法和公式法,三种方法各有其优点,在分析中可按实际需要选用或交替使用。此处仅介绍列表法。

例 13-1:设某配件企业全年需购进某种配件 8 000 件,每次进货费用为 20 元,单位配件年平均储存费用为 0.5 元,求该汽车配件的经济进货量是多少?

解:列表法:从表 13-6 中可以看出,如果全年进货 10 次(批),每次进货 800 件,全年最低的总费用为 400 元。就是说等分为 10 批购进,全年需要的该种配件费用是最省的,这是最经济的进货批量。

经济进货量试算表
表 13-6

年进货次数（次）	每次进货数量（件）	平均库存数量（件）	进货费用（元）	储存费用（元）	年总费用（元）
A	B	$C = B \div 2$	$D = A \times 20$	$E = C \times 0.5$	$F = D + E$
1	8 000	4 000	20	2 000	2 020
2	4 000	2 000	40	1 000	1 040
4	2 000	1 000	80	500	580
5	1 600	800	100	400	500
8	1 000	500	160	250	410
10	800	400	200	200	400
16	500	250	320	125	425
20	400	200	400	100	500
25	320	160	500	80	580
40	200	100	800	50	850

注:设每次进货后均衡出售,故平均库存数量 = 每次进货数量 ÷ 2。

（2）费用平衡法。费用平衡法是以进货费用为依据,将存储费用累积和进货费用比较,当存储费用累积接近但不大于进货费用时,便可确定其经济进货量。

存储费用 = 销售量 × 单价 × 存储费用率 × （周期 – 1）

（由于第一周期购进配件时,不发生存储费用,所以上式中的周期数应减1）

例 13-2: 某种配件预计第一到第五周的销售量各为 50、60、70、80、70 件,单价为 12 元,进货费用为 65 元,每周期的存储费用率为 2.5%,求经济进货量 Q。

解: 第一周期:销售量为 50 件,存储费用为 0（元）,存储费用累积为 0 元;

第二周期:销售量为 60 件,存储费用 = 60 × 12 × 2.5% × 1 = 18（元）,存储费用累积为 18 + 0 = 18（元）;

第三周期:销售量为 70 件,存储费用 = 70 × 12 × 2.5% × 2 = 42（元）,存储费用累积为 18 + 42 = 60（元）;

第四周期:销售量为 80 件,存储费用 = 80 × 12 × 2.5% × 3 = 72（元）,存储费用累积为 60 + 72 = 132（元）;

第五周期:销售量为 70 件,存储费用 = 70 × 12 × 2.5% × 4 = 84（元）,存储费用累积为 132 + 84 = 216（元）;

由此可见,第三周期存储费用累积 60 元,最接近并小于进货费用 65 元,所以,可将第一到第三周期销售量之和（50 + 60 + 70）件作为一次进货批量,那么,本期的经济批量就是 180 件。

④ 最低安全库存量的确定

1）安全库存的作用

安全库存主要有以下作用:

（1）满足客户突增的需求,提高客户满意度。

（2）缩短采购周期。

（3）消除生产过程中不确定因素的影响。

2）设置安全库存的方法

计算公式如下：

$$安全库存 = （预计最大消耗量 - 平均消耗量）× 采购提前期$$

如果用统计学的观点可以变更为：

$$安全库存 = 日平均消耗量 × 一定服务水平下的前置期标准差$$

安全库存量的大小，主要由顾客服务水平（或订货满足率）来决定。所谓顾客服务水平，就是指对顾客需求情况的满足程度，公式表示如下：

$$顾客服务水平 = 1 - 年缺货次数/年订货次数$$

顾客服务水平（或订货满足率）越高，说明缺货发生的情况越少，从而缺货成本就较小，但因增加了安全库存量，导致库存的持有成本上升；而顾客服务水平较低，说明缺货发生的情况较多，缺货成本较高，安全库存量水平较低，库存持有成本较小。因而必须综合考虑顾客服务水平、缺货成本和库存持有成本三者之间的关系，最后确定一个合理的安全库存量。

安全库存的计算，一般需要借助于统计学方面的知识，对顾客需求量的变化和提前期的变化作为一些基本的假设，从而在顾客需求发生变化、提前期发生变化以及两者同时发生变化的情况下，分别求出各自的安全库存量。即假设顾客的需求服从正态分布，通过设定的显著性水平来估算需求的最大值，从而确定合理的库存。

（三）库存补充订货程序

按照汽车配件库存补充件订货的流程，可以把库存补充件订货的程序分为三个步骤，分别为：拟订订货合同初稿、向多家供货商发出询价单、根据反馈报价单确定最后正式订货单。

1 拟定合同初稿

1）订货准备

在订货之前，应做好如下准备：

（1）掌握每个零件品种6个月的平均需求数量。

（2）掌握客户预订（B/O）品种、数量。

（3）掌握现有库存品种、数量。

（4）掌握未到货品种、数量。

（5）掌握有动态零件品种、数量。

2）订货量计算

丰田汽车公司推荐的订货计算公式如下：

$$SOQ = MAD × (L/T + O/C + S/S) - (O/H + O/O) + B/O$$

式中：SOQ——订货数；

MAD——月均需求，指6个月内平均月需求，也可采取加权平均；

L/T——到货期,从配件订货到搬入仓库为止的月数;

O/C——订货周期,以月为单位,每月订货一次即为1,每月订货两次为0.5;

S/S——安全库存月数,约为订货周期加到货期月数的70%,标准公式为:

安全库存月数 = (订货周期 + 到货期月数) × 系数

O/H——在库数,指定货时的现有库存数量;

O/O——在途数,指已定货尚未到货的配件数;

B/O——客户预订数,指无库存、客户预订的配件数。

例 13-3:某配件的月均需求 20 个,订货周期 0.5 个月,到货期 1 个月,安全库存月数 0.5 个月,订货日为每月 15 日、30 日,在途数 15 个,在库数 10 个,客户预订 4 个。计算订货数为多少?

解:根据公式,该配件的订货数应为:

$$SOQ = 20 \times (1 + 0.5 + 0.5) - (10 + 15) + 4 = 19(个)$$

每个月根据配件实际库存量、半年内销售量及安全库存量等信息,由计算机根据上述公式计算出一份配件订货数量,再根据实际情况进行适当调整,形成订货合同初稿明细表。

订货原则是先市内后市外,先国内后国外。国内订货应向信誉好的大公司或向原汽车制造厂配套单位订购。

❷ 向多家供货商发出询价单

根据订货合同初稿明细表,经订货部门主管审查并调整订货数量后,填写询价单。深圳某汽车服务有限公司向深圳、广州、香港等地多家供货商同时发出询价单,其询价单格式如图 13-2 所示。

调　价　单

公司名称:＿＿＿＿＿＿＿＿＿　　　　编　　号:＿＿＿＿＿＿＿＿＿

订 货 人:＿＿＿＿＿＿＿＿＿　　　　日　　期:＿＿＿＿＿＿＿＿＿

联系电话:＿＿＿＿＿＿＿＿＿　　　　总页数:＿＿＿＿＿＿＿＿＿

项目	数量	零件编号	零件名称	单价	金额

×××汽车服务有限公司

图 13-2　某汽车服务有限公司询价单格式

❸ 根据反馈报价单确定最后正式订货单

根据各供货商反馈回来的报价单,调整订货数量后向其中一家发出正式订货单。

(四)即购即销配件订货程序

❶ 填写缺件报购通知单或配件请购单

修理部或客户所需配件如果库存缺货,由营业部开出"缺件报购通知单"(表13-7)或"配件请购单"(表13-8)交订货部门。

缺件报购通知单 表13-7

单位:××××××			工卡	46911
发动机型号			A＊AY768	车型 RZH114
报购单号:981200534				2005 年 7 月 21 日
配件名称	规格	配件编号	数量	备注
链条	双排	92600—C5700	1	公务车
凸轮齿轮	$z = 36$	11828—V6501	1	公务车
曲轴齿轮	$z = 18$	99810—14C26	1	

×××汽车服务有限公司配件请购单 表13-8

报购员		订货人		日期:2004 年 12 月 28 日		
工作卡号	4F056	底盘号码		VQ20		
车牌号码	B-F9945	车身编号		JNICAUA32110064484		
1	B0552-5F700	左前门锁电动机	1	750	2004 年 12 月 31 日	√
零部件签收		12 月 29 日 1 时 5 分	经办人		12 月 29 日 2 时 10 分	
备注			第一次到货签收		月　日　时　分	
			第二次到货签收		月　日　时　分	
			第三次到货签收		月　日　时　分	
			全部到货签收		月　日　时　分	

零部件经办人:_____　　修理工:_____　　报购员:_____

❷ 询价与报价

如果所在地区为本地,订货部门可以先通过电话、E-mail 或传真与本地市场联系,如果没有,再与邻近城市的市场联系,仍然没有的话,则与国外的有关公司联系,询问价格和供货时间。

❸ 签订急需配件订购合同并收取定金

得到反馈信息后,应将价格和供货时间及时向客户通报,由客户确认价格和供货时间,并签订定购合同和缴纳定金后,才正式下订单。

❹ 跟踪并及时提货交货

订单发出后要注意跟踪询问,时刻掌握供货动态,货到后及时通知客户前来取货。

三　学习拓展

汽车配件采购。

❶ 汽车配件采购原则

汽车配件采购的基本原则主要有勤进快销原则、以销定进原则、以进促销原则和储存保销原则。

1)勤进快销原则

勤进快销是加快资金周转,避免商品积压,提高经济效益的重要条件。勤进快销原则就是采购的次数要适当多一些,批量要少一些,购货间隔要适当缩短。要在采购适销对路的前提下,选择能使采购费用、保管费用最省的采购批量和采购时间,以降低成本,降低商品价格,使顾客买到价廉物美的商品。

勤进快销还要掌握市场行情,密切注意销售去向,勤进、少进、进全、进对,以勤进促快销,以快销带勤进,不断适合消费需要,调整更新商品结构,力求加速商品周转。在销售上,供应要及时,方式要多样,方法要灵活,服务要周到,坚持薄利多销。

2)以销定进原则

以销定进是按照销售状况决定购货。通常,计算购货量,主要有以下参数:

$$日平均销售量(DMS)=昨日的\ DMS\times0.9+当日销售量\times0.1$$

建议订货量 = 日平均销售量 × (距下次订货量天数 + 下次交货天数 +

厂商交货前置期 + 商品安全天数 + 内部交货天数) - 已定货未交量 -

库存量最小安全库存量 = 陈列量 + 日平均销售量 × 商品运送天数

订货量是一个动态的数据,根据销售状态的变化(季节性变化,促销活动变化,供货厂商生产状况变化,客观环境变化),决定订货量的多少,才能使商品适销对路,供应及时,库存合理。

3)以进促销原则

以进促销原则是与以销定进相关联的,单纯的将以销定进,进总是处于被动局面。因此,通过扩大购货来源,积极组织适销商品,能主动地促进企业扩大销售,通过少量购货试销,刺激消费,促进销售。

4)储存保销原则

这一原则是指销售企业要保持一定的合理库存,以保证商品流通连续不断。

❷ 汽车配件采购进货方式

汽车配件销售企业在组织购货时,要根据企业的类型、各类汽车配件的购货渠道以及汽车配件的不同特点,合理安排组织购货。一般有集中购货、分散购货、集中购货与分散购货相结合、联合购销四种。

1)集中购货

企业设置专门机构或专门采购人员统一进货,然后分配给各销售部门(销售组、分公司)销售。集中进货可以避免人力、物力的分散,还可以加大进货量,受到供货方重视,并可根据批量差价,降低进货价格,也可节省其他进货费用。

2)分散购货

由企业内部的配件经营部门(销售组、分公司)自设进货人员,在核定的资金范围内自行进货。

3)集中购货与分散购货相结合

一般是外埠采购以及非固定进货关系的采取一次性进货,办法是由各销售部门(销售组、分公司)提出采购计划,由业务部门汇总审核后集中采购;本地采购以及固定进货关系的则采取分散进货。

4)联购合销

由几个配件零售企业联合派出人员,统一向生产企业或批发企业进货,然后由这些零售企业分销。此类型多适合小型零售企业之间,或中型零售企业与小型零售企业联合组织进货。这样能够相互协作,节省人力,化零为整,拆整分销,并有利于组织运输,降低进货费用。

上述几种进货方式各有所长,企业应根据实际情况扬长避短,选择自己的进货方式。

四 评价与反馈

❶ 自我评价

(1)通过本的学习你是否已经知道以下问题:

①汽车配件的检索工具。

②汽车配件编号的主要形式。

③配件订货的主要程序。

④配件订货的主要原则。

(2)能进行汽车配件的描述:

①汽车配件检索的主要步骤。

②汽车配件订货的主要程序。

③结合互联网的技术应用,谈谈汽车配件订货模式的发展趋势。

(3)通过本学习任务的学习,你认为自己的知识还有哪些欠缺?

_____

_____。

签名:_____   _____年___月___日

❷ 小组评价

小组评价表见表13-9。

小组评价表 　　　　　　　　　　　　　　　　　　　　表13-9

序号	评价项目	评价情况
1	着装是否符合要求	
2	是否能合理规范地使用教学设备	
3	是否按要求描述出本学习任务相关内容	
4	是否遵守学习的规章制度	
5	是否能保持学习场所的整洁	
6	团结协作情况	

参与评价的同学签名：＿＿＿＿＿＿＿＿＿＿　　＿＿＿＿年＿＿月＿＿日

❸ 教师评价

＿＿＿

＿＿＿。

教师签名：＿＿＿＿＿＿＿＿＿　　＿＿＿＿＿年＿＿月＿＿日

学习任务 14　仓 库 管 理

学习目标

★ 知识目标

1. 掌握库存的概念、功能；

2. 掌握库存的意义和目标；

3. 掌握库存管理的主要内容。

★ 技能目标

1. 能简述库存的概念和功能；

2. 能简述库存管理的意义和目标；

3. 能简述库存管理的主要内容和管理过程。

建议课时

2课时。

任务描述

随着企业经营规模扩大，客户量也不断增加，客户小李因需要出远门，急需安装一台导航仪，进店后，通过交流介绍后，对展品 C 很是满意，但在准备实施安装时，发现仓库已无库存，最后通过与小李协商，只能将展品以协议价出售。管理配件的小王在部门会议上要求做好库存的准备，对库存的概念、功能、意义、目标和主要内容以及日常管理过程再一次强调。

一 知识准备

1 库存的概念

（1）库存。库存表示某段时间内持有的存货（可看见、可称量、可计算的有形资产）。库存里的物资叫存货，存货是指储存作为今后按预定的目的使用而处于闲置或非生产状态的物料。存货可以是消耗品、原材料、在制品和成品。

（2）消耗品。消耗品是组织在正常运营中消耗掉的但不构成成品的库存物品。

（3）原材料。原材料是进入到生产过程中将变成或转变成成品的投入物。

（4）在制品。在制品是指仍处于在生产过程中已经部分完工的制品。

（5）成品。成品是指可以销售、分配或储存的最终产品。

2 库存管理的使命

库存管理工作的使命是：保证库存物资的质量；尽力满足用户的需求；采取适当措施，节约管理费用，以便降低成本。

库存必须实行实时有效的库存管理。库存管理好可以节约大量流动资金，使企业更好地提高投资效益。

3 库存管理的意义

进行库存管理的意义就在于：它能确保物畅其流，促使企业经营活动繁荣兴旺。实施库存管理有如下优点：

（1）有利于企业资金周转。

（2）促使生产管理更为合理。

（3）有利于顺利地进行运输管理，也有助于有效地开展仓库管理工作。

4 库存管理的功能

库存管理具有以下三个方面的功能因素：

（1）时间性：调节供应与需求之间的时间。

（2）经济性：通过实践效应调整价格功能，库存也可以防止价格的大幅度波动性以及减少季节性产品的风险。

（3）分离性：库存可以使供应—生产—销售等环节分离，每一环节就可以更加有效和经济的方式去经营。

库存分类中的周转仓库在流通中发挥着重要作用。它不但具有储存单一性的动能，而且还包括挑选、配货、检验、分类等作业功能，还具有多品牌、多频次小批量的收货配送以及附加标签、再包装等加工功能。

5 库存管理的目标

1）安全目标

首先应保证库存管理人员的安全。考虑人身安全，也就是体现重视"以人为本"的问题。注意存放方法、存放环境、存放时间的管理。

2）效益目标

企业经营的最终目的是要降低成本获得利润。如果库存过多，占用资金多，需要支付的利息也很多，影响资金周转，也会失去更好的机会利润。

二 任务实施

汽车配件的库存管理内容主要有验收入库、仓储管理、出库等一系列过程的管理。

1 入库前验收程序

（1）验收准备。收集和熟悉验收凭证及相关订货资料，准备各种验收工具、装卸设备，确定保管地点和方法等。

（2）核对资料。凡要入库的零配件，都应具备相应的资料，如入库通知单、供货单位提供的质量证明书、发货明细表、装箱单以及运单等。并对以上资料进行整理核对，确保无误后验收。

（3）实物验收。实物验收主要包括数量验收和质量验收。数量验收是查对所到配件的名称、规格、型号、件数等是否与入库通知单、运单、发货明细表一致。质量验收主要检验配件证件是否齐全、是否符合质量标准、有无破损或变质污染。

（4）核对包装。在点清大件包装的基础上，需将包装物的商品标志与入库单进行核对。只有在实物、标志和入库凭证相符时，方能入库。

（5）开箱点验。凡是配件属原厂的产品，一般开箱抽查点验的数量为5%～10%。

（6）过磅称重。凡是需要称重的物资，一律全部过磅称重，并要记录质量，以便计算、核对。

（7）配件归类。根据入库配件的数量、性能、特点、形状、体积以及归属汽车的哪一结构系统等进行归类。分别安排适当的货位，确定存储、上架和堆码方式。

2 入库

经过入库前的验收后，对于质量完好、数量准确的汽车配件，应及时办理入库手续，进行登账、立卡、建立档案，还应妥善保管入库配件的各种证件、账单等资料。

（1）登账。对于每一品种、规格及不同级别的入库配件都必须建立收、发、存明细账，它是及时、准确地反映物资储存动态的基础资料。登账时必须以正式的收发凭证为依据。

（2）立卡。入库后汽车配件的存储卡是库存配件的实物标签，它清楚、明确地反映库存配件的名称、规格、型号、级别、储备定额、增减情况以及实存数量。

（3）建档。历年来的技术资料及出、入库有关资料应存入档案，以便查询和积累配件

保管经验。建立档案时应一物一档,统一编号,以方便查询。

❸ 汽车配件保管与维护

汽车配件的品种繁多,很多配件因为材料、制造方法等不同,有的怕潮、有的怕热、有的怕光、有的怕压等,所以储存不当就容易影响配件商品的质量。

(1)坚持先进先出原则。各类汽车配件出厂是都规定了保证产品质量的储存日期,如果超出期限就会影响使用性能或寿命。因此要保证先进的配件先出库,力求在保质期内尽快销售出去。

(2)合理安排库房和货位。把不同类型、不同性质的配件,根据对其储存条件的要求,分别安排在合适的仓库和货位。

(3)必要时加枕垫和苫布。汽车配件绝大部分都是金属制品,应忌潮湿,不应直接置于地上存放,一般应加垫存放,以防腐蚀。对于有些避免防晒、防尘的配件还应加盖苫布。

(4)加强仓库内温度、湿度的控制。可以采取自然通风、机械通风或使用吸潮剂等措施,以控制库内温度、湿度。必要时还应在配件库内安放温度计和湿度计,以便随时监控。

(5)建立配件维护制度。选派有汽车配件维护知识和维护经验的人员,对滞销积压或受损的配件进行必要的维护、修复,把配件库存的损失降到最低。

(6)保持库内外清洁卫生。要做到库房内外无垃圾、杂草、杂物,以防止尘土、脏物、虫害、鼠害对配件的损伤。若发现虫害、鼠害,应及时采取措施捕灭。

❹ 配件出库程序

(1)核对单据。业务部门开出的提货单据是仓库发货、换货的合法依据。仓库保管员接到提货或换货单据后,应核对单据内容、印章等。

(2)备货。备货前应将提货单据与卡片、实物核对,核对无误后方可备货。

(3)复核、装箱。备货后一定要认真复核,复核无误后,方可出货。

(4)报运。需要外运的配件通过复核、装箱后,需要过磅称重的要及时过磅称重,然后按照装箱单内容逐项填写清楚,报送运输部门,向承运单位申请准运手续。

(5)点交和清理。领货人凭装箱单向仓库提货时,保管员应先审查单据内容、印章以及经手人签字等,然后按单据内容如数点交。点交完毕,随即清理现场,整理货位,腾出空位,以备再用。

(6)单据归档。发货完毕,应及时将提货单据归档,并按照其时间顺序分月装订,妥善保管,以备核查。

三 学习拓展

(一)汽车配件销售特点

❶ 较强的专业技术性

现代汽车是融合了多种高新技术的集合体,其每一个零部件都具有严格的型号、规格、工况标准。要在不同型号汽车的成千上万个零件品种中为顾客精确、快速地查找出所

需的配件,就必须有高度专业化的人员,并由计算机管理系统作为保障。从业人员既要掌握商品营销知识,又要掌握汽车配件专业知识、汽车材料知识、机械识图知识,学会识别各种汽车配件的车型、规格、性能、用途以及配件的商品检验知识。

❷ 经营品种多样化

一辆汽车在整个运行周期中,约有 3000 种零部件存在损坏和更换的可能,所以经营某一个车型的零配件就要涉及许多品种规格的配件。即使同一品种、规格的配件,由于国内有许多厂在生产,其质量、价格差别很大;甚至还存在假冒伪劣产品,因此要为用户推荐货真价实的配件,也不是一件很容易的事。

❸ 必要的库存支持

由于汽车配件经营品种多样化以及汽车故障发生、客户美容装潢需求的随机性,经营者要将大部分资金用于库存储备和商品在途资金储备。

❹ 优质的服务相配套

汽车是许多高新技术和常规技术的载体,经营必须有服务相配套,特别是技术服务至关重要。相对于一般生活用品而言,经营配件更强调售后的技术服务。

❺ 适应配件销售的季节性

一年四季,春夏秋冬这一不以人们意志为转移的自然规律,给汽车配件销售市场带来不同季节的需求。在春雨绵绵的季节里,为适应车辆在雨季行驶,需要车上的雨布、各种风窗玻璃、车窗升降器、刮水器、刮水臂及刮水片、挡泥板等部件就特别多。炎热的夏季,因为气温高,发动机机件磨损大,火花塞、白金(断电触点)、汽缸衬垫、进排气门、风扇传动带及冷却系部件等的需求特别多。寒冷的冬季,气温低,发动机难起动,需要的蓄电池、预热塞、起动机齿轮、飞轮齿环、防冻液、百叶窗、各种密封件等配件就增多。由此可见,自然规律给汽车配件市场带来非常明显的季节需求。调查资料显示,这种趋势所带来的销售额,占总销售额的 30% ~ 40%。

❻ 适应配件销售的地域性

我国国土辽阔,有山地、高原、平原、乡村、城镇,并且不少地区海拔悬殊。这种地理环境,也给汽配销售市场带来地域性的不同需求。在城镇,特别是大、中城市,因人口稠密、物资较多、运输繁忙,汽车起动和停车次数较频繁,机件磨损较大,其所需起动、离合、制动、电气设备等部件的数量就较多,如一般省会城市,其公共汽车公司、运输公司的车辆,所需离合器摩擦片、离合器分离杠杆、前后制动摩擦片、起动机齿轮、飞轮齿环等部件一般就占上述各系品种总销售额的 40% ~ 50%。在山地高原,因山路多、弯道急、坡度大、颠簸频繁,汽车钢板弹簧就易断、易失去弹性;减振器部件也易坏;变速部件、传动部件易损耗,需要更换总成件也较多。由此可见,地理环境给汽配销售市场带来非常明显的影响。

(二)汽车配件定价策略

❶ 成本加成定价法

这种定价法又叫加额法、标高定价法或成本基数法。这是汽车配件定价应用得最为

普遍的一种定价方法,其原理是按商品的成本加上若干百分比的加成(预期利润)来定价。计算公式如下:

$$单位商品价格 = 单位商品总成本 \times (1 + 加成率)$$

式中的加成率即预期利润占商品总成本的百分比。加成率因时间、地点、市场环境和配件的不同而不同,有的时候即使是在同一类配件中,加成率也可能不同甚至相差悬殊。

成本加成法最主要的优点是计算方便,而且在正常情况下采用这种方法可保证各行业获得正常的利润率,从而保障经营的正常进行。

❷ 目标利润定价法

目标利润定价法又称目标收益定价法、目标回报定价法。是根据企业预期的总销售量与总成本,确定一个目标利润率的定价方法。

目标利润定价法的要点是使产品的售价能保证企业达到预期的目标利润率。企业根据总成本和估计的总销售量,确定期望达到的目标收益率,然后推算价格。这种定价方法需要运用收支平衡图。

目标利润定价法的计算公式为:

$$产品出厂价格 = (单位变动成本 + 单位固定成本)/(1 - 销售税率) +$$
$$目标利润/[预计销售量 \times (1 - 销售税率)]$$
$$目标利润 = (单位变动成本 + 单位固定成本) \times 预计销售量 \times 成本利润率$$
$$产品出厂价格 = (单位变动成本 + 单位固定成本) \times (1 + 成本利润率)/$$
$$(1 - 销售税率)$$

目标利润定价法与"成本加成定价法"是有区别的。差别在于"成本加成定价法"公式中的成本只是制造成本,不包括期间费用;而"目标利润定价法"公式中的成本包括制造成本和期间费用。相应地,两个公式中的"成本利润率"也有所不同。

❸ 以需求为中心的定价方法

以需求为中心的定价方法是在市场(消费者)导向观念的指导下,认为商品生产的目的既然是为满足消费者的需要,那么商品的价格就不应以生产者的成本为依据,而应以消费者对商品价值的理解和认识程度为依据。以需求为中心的定价方法主要有以下两种。

1)理解价值定价法

这种定价方法的基本思想是:认为决定商品价格的关键因素是买方对商品价值的理解水平,而不是卖方的成本。理解价值定价法的步骤如下:

(1)决定初始价格。根据商品的性能、用途、质量、外观、市场营销因素组合策略水平,确定顾客的理解价值,决定商品的初始价格。

(2)预测商品销售量。即估计在上述市场营销因素组合策略及初始价格的条件下,可能实现的销售量。

(3)预测目标成本。计算公式为:

$$目标成本总额 = 销售收入总额 - 目标利润总额 - 税金总额$$
$$单位商品目标成本 = 单位商品价格 - 单位商品目标利润 - 单位商品税金$$

将单位商品的预测目标成本与实际成本进行对比,可能出现两种情况:

一是实际成本＞目标成本,说明在初始价格条件下目标利润得不到保证,需要进一步做出选择或降低目标利润水平,或设法进一步降低实际成本,使原价格方案仍然付诸执行,以保证实现预期的利润目标。

二是实际成本≤目标成本,说明目标利润可以保证,即可将初始价格作为商品的实际定价。

2)区分需求定价法

区分需求定价法是指某一种商品在特定的条件下可按不同的价格出售。对于具有不同购买力、不同需求强度、不同购买时间或不同购买地点的顾客,可根据他们的需求强度和消费感觉的不同,采取不同的定价。区分需求定价法主要有以下几种形式。

(1)以顾客为基础的差别定价。对不同的顾客群采用不同的价格。

(2)以商品的外观、式样、花色等为基础的差别定价。

(3)以场地(地区)为基础的差别定价。

(4)以时间为基础的差别定价。

❹ 以竞争为中心的定价方法

以竞争为中心的定价方法是企业依据参与竞争产品的品质和当前市场价格来确定本企业的产品价格的方法。其特点是:只要竞争产品的价格一经确定就不再改变,即使本企业的产品成本或需求发生变化,价格也不变。用这种方法定价也简便易行,所定价格竞争力强,但价格较为固定,有时企业获利较少。以竞争为中心的定价方法比较适合于市场竞争激烈的产品。

四　评价与反馈

❶ 自我评价

(1)通过本学习任务的学习你是否已经知道以下问题:

①库存的定义。

②库存的功能及意义。

③库存的目标。

④库存管理的主要内容。

(2)能进行汽车美容与装潢企业库存的描述:

①汽车美容与装潢企业库存管理的主要内容。

②汽车美容与装潢企业库存管理的主要流程。

③描述汽车美容与装潢企业库存管理的主要特点。

(3)通过本学习任务的学习,你认为自己的知识还有哪些欠缺?

签名:_____　　　_____年___月___日

2 小组评价

小组评价表见表14-1。

小组评价表 表14-1

序号	评价项目	评价情况
1	着装是否符合要求	
2	是否能合理规范地使用教学设备	
3	是否按要求描述出本学习任务相关内容	
4	是否遵守学习的规章制度	
5	是否能保持学习场所的整洁	
6	团结协作情况	

参与评价的同学签名：_____ _____年____月____日

3 教师评价

_____

_____。

教师签名：_____ _____年____月____日

学习任务 15 设备管理

学习目标

★ 知识目标

1. 了解企业设备管理工作的要求；

2. 了解汽车维修企业设备管理的意义；

3. 掌握汽车美容与装潢企业设备管理的意义、职责和管理主要内容；

4. 了解设备改造和更新途径。

★ 技能目标

1. 能简述企业设备管理的工作要求；

2. 能简述汽车美容与装潢企业的设备管理意义；

3. 能说明汽车美容与装潢企业设备管理的主要内容；

4. 能提出设备改造和更新的途径。

建议课时

2课时。

任 务 描 述

随着企业规模的发展与壮大,企业设备的种类和数量也越来越多,为提高设备的使用效率,技术主管小赵对企业设备管理工作提出了更高的要求,明确设备管理好,可以在一定程度上提高生产效率和服务质量,同时对设备管理的意义、职责和管理主要内容进行了讲解,并提出设备改造和更新的途径。

一　知识准备

(一)设备管理工作要求

国务院《全民所有制工业交通企业设备管理条例》指出:企业设备管理的主要任务,应以促进企业技术进步,提高企业经济效益为目标,坚持以预防为主的方针,坚持技术与经济相结合、专业管理与群众管理相结合、依靠技术进步和促进生产发展相结合的原则,对设备进行全过程(择优选购、合理使用、精心维修、合理改造、合适的报废更新)的综合性管理。以不断地改善和提高企业的技术装备素质,保持设备状况完好,并充分发挥设备的效能,使企业取得良好的投资效益。为了完成企业设备管理任务,企业应在生产技术管理部门内配合必要的专职或兼职设备管理人员,以实施设备的专人管理、合理使用、定期维护、视情修理。

(二)汽车维修企业设备管理

汽车维修设备是指在汽车维修生产过程中所需要的机械及仪器的总称。它是汽车维修生产中必不可少的物质基础。汽车维修设备管理是以汽车维修企业生产经营目标为依据,通过一系列的技术、经济和组织措施,对设备的设计制造、购置、安装、使用、维护、修理、改造、更新直至报废的全过程进行的管理。

❶ 汽车维修设备的分类

设备的分类主要依据设备的结构、性能和工艺特征进行。凡性能基本相同,又属于各行业通用的,列为通用设备;结构、性能只适用于某一行业专用的,列为专用设备。汽车维修设备也同样分为两大类,即汽车维修通用设备和汽车维修专用设备。

❷ 汽车维修设备的规格与型号

汽车维修设备的型号一般由汉语拼音字母和阿拉伯数字组成。由于汽车维修设备大部分属非标准设备,目前还没有统一的型号编制标准。

❸ 汽车维修通用设备

汽车维修通用设备,主要是适用于汽车维修行业的金属切削机床、锻压设备、空气压缩机、起重设备等。

❹ 汽车维修专用设备

汽车维修专用设备,根据设备的功能和作业部位可分为:汽车清洗设备、汽车补给设备、汽车拆装整形设备、汽车加工设备、汽车举升运移设备和汽车检测设备等。

（1）汽车清洗设备。

汽车清洗设备主要用于汽车车身、底盘和汽车零部件的清洗。根据清洗设备的用途可分为汽车外部清洗设备和汽车零件清洗设备。

①汽车外部清洗设备。主要用于汽车日常维护和维修前的清洗，完成汽车车身和底盘的清洗工作。按清洗方式不同，又分为喷射冲洗式和滚刷刷洗式。喷射冲洗式清洗机主要依靠高压水来清洗汽车车身和底盘污垢，例如：PQ—40 型喷射式清洗机，喷水水压为4MPa，其特点是出水压力高，用水量小。清洗效率高，适用于汽车外部清洗作业。滚刷刷洗式清洗设备一般是指由滚刷、驱动装置、门架、电动机、水泵和控制系统等组成的全自动汽车外部清洗机，其特点是清洗效果好，自动化程度高，适用于轿车和客车外部清洗。例如：意大利生产的雅洁牌 AE—27 型全自动洗车机，可清洗车辆高度低于 2.7m 的轿车和中型客车。由于近年来水资源的紧张，无水洗车技术迅速推广。

②汽车零件清洗设备。汽车零件清洗设备，主要用清洗剂对零件表面进行喷洗，以达到清除油污的目的。目前，汽车零件清洗已实现机械化和自动化。按清洗室的结构分为通过式和封闭式。通过式清洗室主要用于维修量较大的一类维修企业，二类维修企业一般适用封闭式汽车零件清洗设备，如 HZQ—1200 型自动零件清洗机。该机采用圆形密封式清洗室，直径为 1.2m，零件在清洗室内旋转，喷嘴由各方面向零件喷射清洗剂，达到了清除油污和赃物的目的。清洗剂还可以自动加温，升温后清洗效果更好。

（2）汽车补给设备。

在汽车维修作业中，需要对车辆润滑部位加油，蓄电池补充电力，汽车轮胎补充气体。为改善维修工人劳动条件，提高添加剂量的准确性，减少浪费，需要用补给设备完成此项工作。汽车补给设备，按用途可分为加油设备、充电设备和充气设备。

（3）汽车拆装整形设备。

汽车拆装整形设备，主要用于汽车维修生产作业中，对总成和零部件的拆装和车身架变形后的恢复，以减轻劳动强度，保证维修质量，提高劳动生产率。其主要设备有：电动扳手、气动扳手、轮胎螺母拆装机、骑马螺栓螺母拆装机、液压机、半轴套管拉压器、车身矫正器、齿轮轴承拉拆器、专用零件拆装工具等。汽车维修企业常用的拆装设备有：国产 ZJ—40 型轮胎螺母拆装机，WJ—40 型骑马螺栓螺母拆装机，DBJ—50 型半轴套管拆装机，Y—200 型门式油压机，手动液压专用拉器，东风差速器轴承专用拉器等。进口设备有：日本产 1420 型气动充气扳手，意大利生产 A2019RC 型全自动轮胎拆装机，适合轿车车身矫正的保利 XLSⅡ型车体矫正及量度系统，奔腾车身大梁钣金整形系统等。

（4）汽车维修专用加工设备。

汽车维修专用加工设备是指在汽车维修过程中，对零件进行加工或恢复零部件技术状况的加工设备。目前加工设备的种类比较多，通用加工设备已成为国家定型产品。根据对零件加工部位的不同又可分为：缸体加工设备，曲轴、连杆及轴瓦加工设备，配气机构加工设备，制动系统加工设备，如镗鼓机，光盘机等。

（5）汽车举升运移设备。

（6）汽车检测设备：发动机检测设备、底盘检测设备、零部件检测设备等。

二　任务实施

1 汽车美容与装潢设备管理工作的意义

汽车美容与装潢设备管理是以汽车美容与装潢企业生产经营目标为依据，通过一系列的技术、经济和组织措施，对设备的设计制造、购置、安装、使用、维护、修理、改造、更新直至报废的全过程进行的管理。它包括设备的物质运动和价值运动两个方面。

一方面提高汽车美容与装潢工作质量和效率：合理的配置和正确使用维修设备是保证生产质量和提高工作效率的重要条件。设备管理就是从设备选型、配置、安装、使用、维护、修理、改造、报废、更新全过程的管理，完善的设备管理就是低成本、高效率的运用维修设备的保证。

另一方面设备及其管理的现代化，是扩展维修业务的重要手段：随着汽车构造、性能、种类、使用要求、科技含量和汽车美容与装潢要求的迅速提高，对汽车美容与装潢设备的现代化要求也越来越强烈，合理配置先进的设备是企业技术进步的物质基础。不断更新设备、配置先进设备、不断提高设备管理和使用水平是汽车美容与装潢企业技术进步的表现，也是汽车美容与装潢企业提高服务水平拓展业务范围的重要手段。

2 明确设备管理岗位职责

1）建立管理制度

建立健全的设备管理制度。例如宣传贯彻安全技术操作规程，建立定机、定人、定岗的"三定"管理制度，推行技术操作证制度等。

2）日常管理

负责设备的日常管理，做好设备管理基础工作，例如设备的调入调出登记和建档立账等。

3）合理使用设备

指导设备操作人员合理使用设备，并积极开展技术教育培训和技术考核工作，以提高设备完好率和利用率。

（1）制订设备维修计划。制订设备维修计划，认真组织实施设备的维护和修理，及时恢复设备技术状况和使用效能，并搞好机具设备的状况评定和年度检测，延长设备使用寿命。

（2）改造、报废及更新工作。做好设备的改造、报废及更新工作。

（3）事故处理。负责处理机具设备的技术责任事故。

3 选购设备的原则

选购设备要从所需要的项目、车型及其美容与装潢工艺要求出发，购置前一定要进行充分的技术经济及可行性验证。其选购原则一般为：

（1）生产上适用。所选购设备应与所维修的主流车型、企业规模与发展、使用经营能力，以及动力和原材料供应等相适应，并具有较高的生产率和利用率。

（2）技术上的先进。所选购设备的基本性能应能满足提高工效和保证质量的基本要求。

（3）经济上合理。售价低、性价比高。

（4）安全性、可靠性、维修性、环保性高。具有较好的安全性、可靠性、维修性、环保性和较长的使用寿命。

（5）尽可能就近购置。即优先选购国产设备或本地设备,且要求设备供应商具有良好的售后服务。

④ 设备的安装调试与交付使用程序

外购设备在选型并购置后,应由设备管理部门负责运输、保管、开箱检查和根据工艺要求安装调试。经检定验收及使用合格后移交设备管理部门验收并实行统一管理。所有设备在交付使用后,均应由设备管理部门负责立卷归档、建立台账卡片及统一登记编号等,并制订设备的安全技术操作规程、使用纪律和维修制度,以及规定该设备的使用年限和折旧率等。设备在使用维修过程中所需的附件与备件应由设备管理部门根据工艺要求提出,供应部门采购,使用部门验收和保管。设备所需的工具、刃具、夹具、模具、计量器具和机具也应由使用单位申请,生产部门编制计划,经企业主管部门审批后供应部门采购,工具室或计量室负责管理。

设备技术状况的分类管理:

（1）一类完好设备:是指技术状况及经济性能优良,能确保产品质量;各部机件、附件,以及工装夹具齐全完整,可随时投入使用的设备。

（2）二类尚好设备:是指主要机件或主要基准面已磨损,技术状况及经济性能达不到原厂出厂标准,但尚能可靠工作,尚能安全运行,尚能保证产品合格,机件附件及工装夹具基本齐全,可以投入使用的设备。

（3）三类待修或在修设备:是指技术状况及经济性能已显著恶化,超耗严重,不能正常使用,不修无法保证安全运行或加工精度的设备。

（4）四类待报废设备:是指损伤严重,无法修复使用或无修复价值的设备。

⑤ 设备的使用规定

为搞好设备使用环境的清洁文明,延长使用寿命,保证设备的正常运行和安全生产,应根据设备的不同要求,提供适宜的使用环境。例如:厂房要清洁,宽敞和明亮,精密检测设备或仪器还应根据其使用说明书规定配备必要的工作间,并应有防尘、防潮、防腐、保温和通风装置等。

1）"三定"责任制度

要对设备实行定机,定人,定岗的"三定"责任制度,贯彻谁使用、谁保管、谁维护的原则,以保证设备的技术状况良好和附件齐全有效。其中,对于已经实行"三定"制度的专用设备,倘若未经该设备主操作人员同意,其他人不得擅自操作;凡尚未实行"三定"制度的公用设备,其日常使用维护应由使用班组负责。对于实行"三定"的设备,倘若设备主操作人员发生变换,应做好交接班或岗位交接手续（如交代设备状况,交接设备使用记录及维护记录,清点附件、工装夹具,工具、技术资料等)。

2)要实行设备操作证制度

即在设备交付使用时,首先要由主管部门确定设备的主操作人(对于特殊工种或特殊设备还要实施由国家劳动安全技术部门考核发放的操作证制度)。并明确该设备的日常管理及日常使用维护应由主操作人负责。为此应严肃操作纪律,实行持岗上证,严禁无证操作及混岗操作。

3)严格执行设备使用纪律

当设备投入使用时,设备管理部门应对设备主操作人进行岗前应知应会技术教育、技术培训及技术考核(在主操作人技术培训尚未期满或尚未技术考核合格之前,设备不得投入使用),以要求其具有"三好"(管好、用好、维护好),"四会"(会使用、会维护、会检查、会排除故障),"四懂"(懂原理、懂构造、懂性能、懂用途)的基本功,并严格执行设备使用五条纪律(凭操作证使用设备、经常保持设备清洁、遵守设备交接班制度、管理好工具和附件、发现异常立即停机),掌握设备的结构特点、技术性能、操作要领和日常使用维护方法,并严格按照设备使用说明及安全技术操作规程进行规范操作和定期维护。

设备的安全技术操作规程应由设备管理部门与工艺管理部门拟定。设备使用单位不仅应在安全学习中宣传贯彻设备的使用纪律及安全技术操作规程考核和应知应会技术考核,考核不合格者不得继续上岗操作。

6 设备的维护与维修

设备的维修,应依据"定期检测、强制维护、视情修理"的原则,以确保设备的完好率。

1)强制维护

设备的强制维护可分为日常维护、一级维护(季度维护)和二级维护(年度维护)共3级,其维护周期可根据设备的分类及其使用率而定。

(1)日常维护。设备的日常维护是设备使用维护的基础,为此应做到经常化和制度化。机具设备的日常维护应由主操作人负责,可分每班例行维护及每周例行维护两级进行。其作业项目包括:在班前认真检查设备状况,并清洁、润滑和试运转,以确保设备状况良好;班中严格按照安全技术操作规程使用设备,若发现故障应及时排除;班后认证清洁、润滑、紧固、调整、试运转检查及排除故障等,并认真做好日常记录和交接班记录。

(2)一级维护(季度维护)。当设备累计运行450~500h(单班制三个月)时,应以设备主操作者为主、其他人员为辅对设备进行一级维护。定额维护时间为1~4h,其作业内容除了包括日常维护作业内容外,还要根据设备维修计划进行局部或重要部位的拆卸和检查,例如疏通润滑油道、润滑各润滑部位、紧固各部连接螺栓、调整各部机件间隙,局部拆检,并检修传动系统及故障部位等。

(3)二级维护(年度维护)。当设备累计运行2 400~2 500h(单班制一年)时,应以设备维保人员为主,操作者配合,结合年度性设备状况鉴定及年度性检修,对设备进行二级维护。定额维护时间为2~6h,其作业内容包括除包括一级维护作业内容外,还要对设备进行局部解体和检修,以更换易损件,修复磨损件,并调整恢复其性能和精度;拆检润滑系统、传动系统及电气系统等。

2）视情修理

设备的视情修理可分为小修、项修、大修，以及事故性检修等。

（1）小修：是指设备在日常使用过程中由于自然原因损坏而进行的故障排除及零星修配，其目的是恢复其使用性能。设备小修记录原则上由主操作人填写，并归档存查。

（2）项修：对于精密设备和重要关键设备还需要进行有针对性的、预防性检查调整和修理，以恢复设备的使用性能和精度。对于与使用安全密切相关的重要设备和仪表也要进行季节性的重点检修，如压力容器的耐压试验、供电设备的绝缘试验、起重设备的满负荷试验、化工设备的安全预防试验、安全指示的计量精度试验等。

（3）大修：设备大修属于彻底恢复性修理。一般以专业人员为主进行，为了尽可能延长设备的大修间隔，应做好设备大修计划和材料准备计划，应由设备管理部门与使用单位共同鉴定验收。

（4）事故性检修：是指设备因使用操作的技术责任原因而发生异常损坏所需要的修复。一旦发生事故性检修，必须严加控制，不仅应按《技术责任事故及处理》追查原因、分清责任，而且不得随意扩大作业范围。

3）年度性设备状况鉴定与检修

设备管理部门应在每年对企业中所有设备进行一次年度性设备状况鉴定，对其中需要检修的，可安排年度性检修。

结合年度性检修，进行一次机具设备的年度状况鉴定。对其中需要大修的，由设备管理部门编制设备大修技术要求，预算大修工料费用，并准备附件及零配件。设备年度性状况鉴定由设备监管人员负责，年度性检修由设备维修人员负责。年度性状况鉴定及年度性检修的记录均应存档。

7 设备的台账、卡片和档案管理

1）设立台账

设备台账是企业用以记录设备资产，反映设备资产增减情况的账目。设备台账的记录形式为：

（1）按设备类别逐一登记。

（2）按车间或班组逐台登记，以便掌握全厂或各车间、各班组的设备状况和分布情况。

2）设备卡片

设备卡片是企业设备管理人员使用的、用以登记设备资产的活页卡片，也称固定资产卡片，一卡一台，便于查阅。设备卡片上记载有设备的简要档案，并按设备分类和编号统一顺序装夹。为了更好地掌握设备动态情况，在设备上也悬挂有设备卡片，并用各种卡片的材质（硬纸板、铁皮、铝皮）来表示设备的类别，用颜色表示设备的状况（如红色表示完好设备、黄色表示带病设备、蓝色表示在修理设备、黑色表示待报废设备）。

3）设备技术档案

设备技术档案是用以反映设备技术性能和基本状况的重要资料。其内容包括:设备名称、规格、型号、厂牌、出厂时间、原出厂编号和本企业编号;设备主要技术参数和性能;原有附配件、随机工具、量具、刃具、模具的名称和数量;分属单位和使用、保管人;各次维修情况及换件记录;各次检查鉴定结论;所发生过的技术责任事故或重大故障的次数、原因、责任人和处理过程等记录。为了使设备技术档案资料具有全面性和统一性,企业不仅要建立健全设备技术档案管理制度,还要指定有关部门或专人管理。

三　学习拓展

设备在使用过程中必然会产生有形损耗和无形损耗。设备的有形损耗是指由于自然磨损而引起的损耗,它通常用设备维修来局部补偿;设备的无形损耗是指由于技术进步而使原有的固定资产发生降价,或者由于货币贬值所引起的价值损耗,它通常用设备改造来局部补偿。但倘若要完全补偿其有形和无形磨损,则只有报废和更新了。

1 设备改造

设备改造的目的是通过改变设备的局部机构,提高设备的使用性能。设备改造的途径有:

(1)为了降低生产成本的技术改造,如节约能源、节约材料、降低能耗等。

(2)为了改造设备的结构、提高设备质量的技术改造,如使设备升级换代,提高设备质量和使用性能等。

(3)为了合理利用资源的技术改造。

(4)为了保证安全生产和环境保护的技术改造。机具设备的技术改造(包括自制机具设备)属于企业科技项目管理范畴,应由相关部门写出含有技术改造的实施依据、实施方案及费用预算的申请报告,并对其先进性、经济性、实用性、维修性以及运行安全性、能源消耗、环境污染综合评定(技术经济可行性分析)后,正式立项,方可进行,以力求用经济有效的手段达到改造目的。凡列入固定资产的机具设备在未经申报批准前,不得擅自改装或改造。

2 设备报废的与更新

为了汽车维修企业的技术进步,应对那些状况不良,效益不佳,又无实用价值或改造价值的设备及时报废更新。设备的报废须经设备管理部门作技术鉴定,并由主管领导签字批准。在未正式批准报废前,不允许拆卸零件,以保持其装备的完整。

(1)设备报废的条件是:因型号陈旧、效率低下、实用期限已超过报废年限;因主要机构部件已严重影响使用,虽能修复或改造但又得不偿失的;因灾害或意外事故造成主要基础部件严重损坏而无法使用、无法修复或技术落后的;自制非标准汽车维修设备经使用验证或技术鉴定确已不能使用,也无法修复、改装和出售的;因严重污染环境而又无法治理的,机具设备的报废要严格掌握和谨慎处理。因为有些设备(因本企业技术进步或维修车型改变而淘汰的设备)虽然在本企业不能用,但其他企业尚可使用,故不应报废而应转让。

（2）设备的更新是指用新老设备更换旧设备。其更新条件是：损耗严重,性能和精度已不能满足使用要求的设备,型号老旧,性能低下,满足报废条件而再次修复得不偿失的设备;严重污染环境,危害人身安全与健康的设备;设备更新可以是原型号更新,但更应按照当代技术进步要求进行设备升级。

四 评价与反馈

1 自我评价

（1）通过本学习任务的学习你是否已经知道以下问题：
①企业设备管理的工作要求。
②汽车维修企业设备管理的意义。
③汽车美容与装潢企业设备管理的主要内容。
（2）能进行汽车美容与装潢企业设备管理的描述：
①汽车美容与装潢企业设备管理的意义。
②汽车美容与装潢企业设备从购买到日常管理的主要环节及注意事项。
③如何提高设备管理的信息化和网络化工作。
（3）通过本学习任务的学习,你认为自己的知识还有哪些欠缺？

_____

_____。

签名：_____   _____年___月___日

2 小组评价

小组评价表见表15-1。

小 组 评 价 表   表15-1

序号	评价项目	评价情况
1	着装是否符合要求	
2	是否能合理规范地使用教学设备	
3	是否按要求描述出本学习任务相关内容	
4	是否遵守学习的规章制度	
5	是否能保持学习场所的整洁	
6	团结协作情况	

参与评价的同学签名：_____   _____年___月___日

3 教师评价

_____

教师签名：_____   _____年___月___日

参 考 文 献

[1] 栾琪文. 现代汽车维修企业管理实务[M]. 北京:机械工业出版社,2010.

[2] 李皖. 现代企业管理[M]. 北京:人民交通出版社,2008.

[3] 滕仙娟. 汽车及配件营销[M]. 北京:人民邮电出版社,2014.

[4] 傅厚扬,冉广仁. 汽车维修企业设计与管理[M]. 北京:人民交通出版社,2006.

[5] 姚时俊,闫彬. 汽车美容[M]. 北京:机械工业出版社,2008.

[6] 汽车百科全书编纂委员会. 汽车百科全书[M]. 北京:中国大百科全书出版社,2010.

[7] 梁登. 汽车装饰与改装[M]. 北京:人民交通出版社,2013.

[8] 李仲兴. 汽车装饰与美容[M]. 北京:北京大学出版社,2006.

[9] 姚时俊. 私家车改装发烧友[M]. 北京:人民交通出版社,2010.

[10] 林皓琪. 汽车美容装潢工(中级)[M]. 北京:中国劳动社会保障出版社,2006.